KB220821

내 인생의 한 구절

일러두기 ─────

이 책은 개신교 복음주의 월간지 〈복음과상황〉의 연재글 '내 인생의 한 구절'에 새 글을 더하여 펴낸 것으로, 다음과 같은 기획 취지를 잇고자 합니다.

"예수를 따르는 누구에게나 인생의 전환점이나 주요한 계기가 되는 '한 구절' 말씀이 있습니다. 인생길의 등불이 되어 준 성경 구절에 얽힌 삶의 이야기를 통해, '주의 말씀은 내 발에 등이요 내 길에 빛'(시편 119:105)이라는 신앙고백이 한국 교회 안에 더 널리 확산되기를 기대합니다."

이에 따라 〈복음과상황〉 2015년 9월호부터 2021년 7월호까지 실렸던 글을 다듬어 담았으며, 김병년·김영봉·정갑신·최헌영 네 저자의 원고는 2021년 9월 새로이 집필한 글입니다. 본문에 인용한 성경 구절은 대한성서공회에서 펴낸 개역개정판을 따랐으며, 다른 번역본의 경우 따로 표기하였습니다.

김기현
김병년
김영봉
김영준
김유준
김종원
김종호
손주환
우주현
이수연
이승한
이진혜
장석윤
장승익
정갑신
최영규
최헌영

김기석 서문

내 인생의 한 구절
: 말씀이 삶이 되다

잉클링즈

이야기는 이야기를 부르고

── 김기석 청파감리교회 담임목사

임마누엘 칸트의 '이성' 삼부작은 결국 '인간이란 무엇인가?'라는 질문으로 귀착한다. 그러나 이 물음에는 정답이 없다. 꽤 많은 인간론을 읽어 보았지만 생명과 삶의 총체적 진실을 오롯이 드러내는 글은 없었다. 그건 앞으로도 마찬가지일 것이다.

인간과 동물 세계 차이를 자기 의식(self-consciousness)에서 찾는 이들이 있다. 실제로 인간은 성찰적 거리를 두고 자기를 바라본다. 영문을 알 수 없는 불안에 빠지기도 하고 무의미의 심연으로 끌려들어 가기도 하는 것은 그 때문이다. 인간은 특정한 현상으로 환원할 수 없는 존재이기에 수수께끼라 할 수 있다.

소포클레스는 《안티고네》에서 코로스를 통해 "무시무시한 것이 많다 해도 인간보다 더 무서운 것은 없다네"라고 노래했다. '무시무시하다'로 번역된 그리스어 데이논

(*deinon*)은 '으스스하다'라는 뜻 외에도 '경이롭다'라는 뜻을 내포한다. 소포클레스가 인간을 무시무시하다고 말한 까닭은 그 예측 불가능성 때문일 것이다. 인간으로 태어났다고 하여 인간이 무엇인지를 다 아는 것은 아니다. 우리는 인간으로 태어나 인간이 되어 가는 과정 속에 있을 뿐이다.

인간을 총체적으로 파악하는 것은 불가능하다. 인간은 다만 주어에 대한 술어로서만 파악될 뿐이다. '나는 ~이다'라고 말할 때, '~'에 해당되는 부분이 '나'를 부분적으로 드러낸다. 인간은 타자와의 관계 속에서 자리를 정립한다. 아담은 하와를 마주하는 순간 '남자'라는 정체성을 얻었다. 하와 역시 마찬가지이다.

서구의 주체성이 압도적인 타자 경험을 통해 발생했던 것처럼, '나'의 정체성은 마주 서 있는 '너'와 맺는 관계를 통해 드러나거나 형성된다. 레비나스는 타자를 가리켜 선험적인 동시에 이질적인 존재라고 말했다. 인생의 의미는 나와 타자 사이의 만남과 교섭을 통해 발생한다. 그 다양한 교섭은 기쁨을 낳기도 하고 슬픔을 낳기도 한다. 희망의 토대가 되기도 하고 절망의 뿌리가 되기도 한다. 이런 다양한 만남은 다채로운 이야기를 빚는다.

시인 정현종은 〈방문객〉이라는 시에서 사람이 온다는 것은 어마어마한 일이라고 말한다. 그의 과거와 현재와 미래가 함께 오기에 그렇다는 것이다. 지금 우리 앞에 현전하는 사람들은 인간이라는 사실적 존재인 동시에 수많은 이야기의 저장고이다. 태어남과 죽음 사이에서 사람은 이야기를 빚는다. 세상의 모든 사람들은 저마다 자기 이야기의 주인공이다. 그 이야기는 대체 불가능한 고유성을 갖는다. 그렇기에 소중하다.

디베랴 바닷가에서 빈 그물질에 지친 제자들을 찾아오신 주님은 베드로에게 "네가 나를 사랑하느냐?"고 세 번이나 물으신다. 베드로는 당혹감을 느꼈지만 그렇다고 대답한다. 그때마다 부활하신 주님은 "내 양 떼를 먹여라" 하고 말씀하셨다. 소박한 부탁이지만 그 소명을 받아들이는 순간 그는 평범한 행복으로부터는 멀어질 수밖에 없었다. 그 때문일까? 베드로는 쉽게 대답하지 못한다. 주께서 베드로가 겪을 수밖에 없는 운명, 즉 그의 의지와 무관하게 전개될 수난의 현실을 예고하자 그는 더욱 깊은 침묵 속에 빠진다. 그러다가 그는 예수께서 사랑하시던 제자를 가리키며 묻는다. "주님, 이 사람은 어떻게 되겠습니까?" 베드로의 마음을 모르실 리 없건만 주님은 다정하게 베드로를 설득하지 않는다. "내가 올 때까지 그가 살아 있기를 내가 바란다고 한들, 그것이 너와 무슨 상관이 있느냐? 너는 나를 따라라!"(요한복음 21:22, 새번역) 매정한 말씀이다. 그러나 이 말씀 속에 삶의 엄중한 비밀이 담겨 있다. 사람은 저마다 자기 분깃에 따라 살 수밖에 없다.

주님의 동역자로 부름을 받은 목회자들이 들려주는 삶의 이야기에 귀를 기울이는 것은 은혜로운 동시에 눈물겹다. 모두가 다 그런 것은 아니지만, 멸망의 구덩이와 진흙탕 속에서 허덕이거나, 시간의 공포를 견디며 위로부터 오는 구원을 간절히 기다렸던 이들이 많기 때문이다. 사람의 환심이나 사려 했다면 그런 고생은 하지 않아도 됐을 것이다. 그러나 부르신 분의 뜻을 행하려고 몸부림치는 이들에게 주어지는 것은 명예가 아니라 고생길이었다.

이 책에 실린 글 하나하나에서 피맛이 느껴진다. 맹자는 "하늘이 장차 어떤 사람에게 큰일을 맡기려 할 때는 반드시 먼저 그 마음을 괴롭히고 신체를 고단하게 하며 배를 굶주리게 하고 생활을 곤궁에 빠뜨려 행하는 일마다 힘들고 어지럽게 한다"고 했다. 영웅들의 서사 또한 마찬가지이다. 그들은 시련을 통해서 인간적인 성숙을 경험한다. 예언자들의 경우도 다를 바 없다. 그들은 사서 고생하는 길로 접어든 사람들이다.

그 고단한 길을 왜 굳이 끝까지 걸으려 할까? 도덕적 의무감, 인류에 대한 사랑만으로는 설명할 수 없는 삶의 종교적 차원이 여기에 있다. 불합리하기에 믿는다는 말처럼 신앙은 역설을 본질로 한다. 남을 희생시켜 자기 욕구를 채우려는 이들과 함께 살면서도 믿음의 사람들은 자기를 희생하여 남을 살리려 한다. 하지만 아무리 그분의 일을 위해 부름 받은 사람이라 해도 때로는 지치고 낙심하지 않을 수 없다. 몸을 가진 인간의 적나라한 한계이다.

니코스 카잔차키스의 《최후의 유혹》에서 악마는 십자가에 달리신 주님께 환상을 보여 준다. 다른 이들과 마찬가지로 가정을 이루어 평범한 행복을 누리는 환상 말이다. 평범하고 안락한 삶이 가장 큰 유혹이 될 수도 있다는 것은 얼마나 놀라운 일인가?

유혹이 찾아올 때마다 이 책의 저자들을 지켜 준 것은 한 구절의 성경 말씀이었다. 그 말씀은 유혹이나 시험으로부터 그들을 지켜 주는 방패가 되기도 했고, 어두운 길을 비추어 주는 등불이 되기도 했다. 께느른한 태도에 가하는 정문일침이 되기도 했고, 거짓 자아를 부수는 망치가 되기도 했다. 소크라테스는 뭔가 그릇된 결정을 하려 할 때마다 '다이몬'의 소리가 들려와 그를 제지했다고 말한다. 하나님의 사람들은 다이몬이 아니라 말씀의 안내를 받는다. 그 말씀은 우리 안에 사건을 일으킨다.

우리는 다른 이들의 삶의 이야기를 들으며 우리 삶을 정립한다. 사람은 저마다 자기 삶의 저자이지만, 인생을 정직하게 돌아보면 다양한 저자들이 우리 삶의 이야기를 다채롭게 만들었음을 알 수 있다. 사람은 이야기를 만들지만 이야기 또한 사람을 만든다. 믿음을 따라 산다는 것은 하나님의 크신 구원 이야기의 일부가 되는 것이다. 치열하게 몸부림치며 자기 한계를 넘어서려 한 이들의 이야기 속에서 우리는 하나님의 음성을 듣는다.

시편 기자의 노래가 떠오른다. "낮은 낮에게 말씀을 전해 주고, 밤은 밤에게 지식을 알려 준다. 그 이야기 그 말소리, 비록 아무 소리가 들리지 않아도 그 소리 온 누리에 울려 퍼지고, 그 말씀 세상 끝까지 번져 간다"(시편 19:2-4, 새번역). 이 아름다운 우주의 대합창에 동참하는 이들은 얼마나 행복한가.

너는 피투성이라도 살아 있으라
기가 막힐 수렁에서도, 저항의 광장에서도
검붉은 상처에 은혜가 돋아나다
더 기쁜 자랑
감당할 시험밖에는 없나니

1부
말씀이 육신이 되어

너는 피투성이라도 살아 있으라

───── 너는 피투성이라도 살아 있으라.
다시 이르기를 너는 피투성이라도 살아 있으라.

(에스겔 16:6)

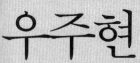

우주현

총신대와 총신대 신학대학원에서 신학을 공부했다. 여러 교회를 거쳐 부산 구서
동에 있는 작은 공동체인 그소망교회에서 목회하던 중 2021년 7월 27일 하나님
의 부르심을 받았다. 평소 '건물에 매이지 않는 교회'를 꿈꾸던 목사는 교회를 깊
이 사랑했고, 교우들은 암진단 4기에 가벼운 뇌경색까지 온 목사를 끝까지 지지
하고 격려했다. 이 글은 〈복음과상황〉 2019년 12월호에 실렸으며, 그 시점을 현
재로 하고 있다.

지금도 기억하고 있어요, 시월의 마지막 밤을…
언제나 돌아오는 계절은 나에게 꿈을 주지만
이룰 수 없는 꿈은 슬퍼요, 나를 울려요

원고를 쓰려고 책상에 앉았는데, 해마다 오늘이 되면 어김없이 들리던 그 노래가 다시 들려온다. 아, 오늘이 시월의 마지막 밤이구나. 해마다 이날이면 시그널 음악처럼 들려오던 노래와 함께 조금은 바쁘고 분주했던 어느 시월의 마지막 밤이 있었다. 그러나 이제는 이날이 바쁘지 않다.

병실에서 맞이한 종교개혁 500주년

과거에는 시월의 마지막 날이 되면, 교회개혁 모임을 비롯해 루터의 종교개혁 기념일을 챙기느라 좀 분주했었다. 그러나 이제는 그냥저냥 넘어간다. 이미 그날은 내게 이룰 수 없는 꿈이 되어 버려서 나를 울리기만 할 뿐, 교회를 개혁하겠다던 다짐들은 그야말로 야무진 꿈이 된 지 오래다. 기대가 남아 있을 때 개혁이라는 말이라도 할 수 있었지, 이제 개혁은 고사하고 혁명이 일어나도 한국 교회가 변화될 거라는 기대는 진작 접었다. 슬프지만 어쩔 수 없다. 그래서 이젠 시월의 마지막 밤을 기억하지 않는다. 그리고

우주현

언제나 돌아오는 이 계절에 나는 더 이상 울지 않는다. 꿈을 버렸기 때문에.

2017년 시월의 마지막 밤은 참 쓸쓸했다. 종교개혁 500주년이 되는 그때, 모처럼 언론도 떠들썩했고, 책도 많이 쏟아졌으며, 행사도 참 많았다. 그러나 나는 병실에 쓸쓸히 누워서 항암주사를 맞으며 신음하고 있었다. 그해의 3월 10일, 박근혜 대통령이 탄핵을 당했던 그날, 내 몸이 탄핵(?)을 당했기 때문이다.

대장암 4기. 임파선으로 전이가 되어 당장은 수술도 할 수가 없었다. 의사로부터 대장암 선고를 받았을 때, 사실 의외로 담담했다. 대장암이라는데 어쩌라고? 내가 할 수 있는 것은 어차피 아무것도 없었다. 나이 50이 되어서 생전 처음 대장 내시경을 했는데, 암이라니! 그것도 4기. 영화 같은 현실 앞에 오히려 담담하고 멍할 수밖에 없었다.

주섬주섬 입원을 준비하고 본격적인 항암치료가 시작되었다. 그렇게 네 차례 항암치료를 하고 경과가 좋아서 일단은 수술이 가능해졌다. 수술 후 항암치료를 여덟 차례 더해서, 총 열두 번의 항암치료와 수술을 했고 다시 방사선 치료를 두 달 더 해서 일단은 대장암 치료가 끝이 났다.

너는 피투성이라도 살아 있으라.

다시 이르기를 너는 피투성이라도 살아 있으라.

에스겔 16장 6절 말씀이다. 선지자가 예루살렘을 향해 하시는 이 말씀이 내겐 가슴에 새겨진, 피 맺힌 한 구절이다. 문맥을 살피고 본래의 의미를 따지고 할 것 없이, 그냥 내 생의 말씀이 되었다.

그랬다. 나는 살아 있어야 했다. 피투성이가 되더라도 살아 있어야 했다.

5년 만에 끝난 교회 개척의 꿈

예루살렘을 향해 선포된 그 말씀이 나에게 와서 박힌 것은 삶의 어느 때였나. 이 얘기를 하려면 시간을 좀 더 거슬러 올라가야 한다. 내가 처음 시작한 교회를, 더 이상 계속할 수가 없어서 접어야 했던 때로….

2012년 12월을 끝으로 나는 개척한 교회를 접었다. 2008년에 시작했으니 만 5년 만에, 그 이름도 거창한 '진리로자유케하는교회'를 접었다. 나의 꿈은 교회 개척이었다. 총신대에 입학을 해서 10년 만에 학부를 어렵사리 마치고, 다시 총신대 신학대학원에 입학, 그리고 영국 유학…. 이 모든 여정 가운데 총신대 입학 때부터 나의 목표는 새로운 교회를 개척하는 일이었다. 총신대 시절, 나라의 현실과 교단 정치의 모습을 보며 휴학을 밥 먹듯이 반복하면서 기어이 졸업은 했지만, 살아 있다는 것, 그것은 늘 나를 긴장케 하는 그 무엇이었다. 역사적 현실과 학교, 교단의 실태에 나는 절망했지만 그래서 더더욱 살아 있어야 했다.

유학을 마치고 돌아와선 내가 태어나고 자란 모교회인 부산 부전교회에서 부목사로 사역했다. 3,000명가량 모이는 교회에서 대학부와 청년부를 담당했고, 담임목사가 교체되는 1년여의 공백기에는 수석 부목사로서 교회 행정을 총괄하고 예배를 인도하며 나름 역할을 잘 감당했다. 그러나 나는 교회를 개척해야만 했다. 교회에 대한 꿈이 달랐기 때문이다.

교회는 사랑의 대상이면서 고민거리라고 했던가. 중·대형급 교회에서 담임목사 청빙이 들어오기도 했고, 그래서 잠시 흔들리기도 했다. 그러나 역시 답이 훤히 보이는 그 길을 갈 수는 없었다.

내가 꾸었던 교회에 대한 꿈은 먼저 '건물에 매이지 않는 교회'였다. 더 이상은 성전이라는 이름으로 교회를 매도하거나, 건물에 사람이 구속되어서는 안 되겠다고 생각했기 때문이다. 또한 '돈에서 자유로운 교회'를 소망했다. 그러기 위해서 일체의 헌금을 통일하여 무기명 연보만을 받는 교회가 된다면, 성도들과 교회가 돈에서 자유로워지는 것이 가능하다고 생각했다. 마지막으로 교회 직분에 관하여는, 한국 정서상 아예 없애기는 힘들 것 같아서 호칭만 남겨서 모든 직분을 명예직으로 하고 교회 운영은 운영위원회가 이끄는 구조를 생각했다. 나는 이미 기존 교회 구조로는 답이 없음을 알았고, 대안을 보여 주는 교회가 필요하다고 생각했었다.

그런데 마침, 교회 건축 문제와 담임목사의 독선적 운영 때문에 교회를 나올 수밖에 없었던 분들을 만났다. 장로 두 분과 성도들 10여 명. 그렇게 그분들과 의기투합해서 교회를 시작했다. 대규모 교회 건축에 반대하던 그분들은, 학교 강당을 마련해 놓고 소위 말하는 '강당 교회'를 함께 할 목사를 찾고 있다가 우연히 나를 만나게 된 것이었다.

3무(無)를 추구하는 진리로자유케하는교회는 그렇게 시작되었다. 건물과 기명 헌금과 직분이 없는 교회. 그래서 부산의 성지고등학교 강당을 빌려 예배를 드렸고, 무기명 연보를 위한 헌금봉투를 제작했으며, 운영위원회를 조

우주현

직하여 교회 정관을 만들어 교회를 시작했다.

교회는 생각보다 빠르게 성장했다. 비록 부산이었지만 교회개혁에 뜻을 같이하는 분들이 있었고, 그런 분들이 중심이 되다 보니 주위의 기대 또한 컸다. 사실상 부산에선 처음으로 출발하는 대안교회 형태의 교회였다. 그래서인지 의사, 변호사, 교사, 사회활동가 등이 모여들었고, 교회는 2년 정도 큰 문제 없이 순항했다.

그러나 3년차에 접어들면서 문제가 생기기 시작했다. 우선은 정치적 성향이 문제였다. 나는 당시 이명박 정권을 비판적 시각으로 보았다. 특히 한국 교회가 장로 대통령을 만들었다는 논리에 동의할 수 없었다. 그리하여 환경을 파괴하는 대운하 정책과 전 국민을 기만하는 것이 너무나 분명한 비성경적 행태를 지적했지만, 여기는 부산이었다. 세대 차이가 확연하게 나뉘었다. 젊은 사람들은 당연한 듯 받아들였으나, 기성세대들은 내 설교를 불편해했다.

다음으로는 교회에 대한 지나친 이상주의가 문제였다. 《신도의 공동생활》에서 본회퍼는 "신도들의 사귐은 꿈같은 우리의 희망적 생각에서가 아니라 아주 실망한 그 자리에서부터"라고 말한 바 있다. 꿈이 다 깨어진 그 자리에서 비로소 신도들의 공동체가 세워질 수 있다는 것이었다. 우리도 그랬다.

그 후로 남은 시간들은 그 꿈이 깨어지는 과정이었다. 이상을 추구하는 공동체는 사실 그 이상이라는 것이 끝이 없었고, 저마다 가지고 온 꿈이 너무나 컸다. 교회 정관을 만들어 교회를 운영하면서 저마다의 꿈들을 조율하고 꿈의 한계를 정하는 일이 너무나 힘들었다.

결국 그 꿈들을 다 맞추려면 장로교 목사로서 내 정체성을 포기해야만 가능한 일들에 직면했고, 나는 아직 거기까진 준비되지 못했다. 개척교회를 시작했을 당시 내 나이는 겨우 서른아홉 살. 아직은 성도들의 다양한 삶을 다 이해하기도 어려웠고, 또 대부분 나보다 나이도 많아서 나의 미숙함으로는 감당하기 힘들었다. 결국 진리로자유케하는교회의 꿈은 내가 사임함으로 끝을 보았고, 남은 분들의 꿈은 평신도 공동체 교회를 따로 세워 이뤄 드리는 것으로 매듭을 지었다.

피투성이라도 살아 있었던 나날들

교회는 그렇게 정리되었지만, 나 자신의 문제가 남았다. 내가 살아가야 하는 내 삶의 문제가 남았는데 사실 녹록지 않았다. 목사를 청빙하는 교회에 원서를 내면 결국 최종

단계에서 탈락하곤 했다. 다름 아닌 진리로자유케하는교회를 목회한 전력 때문이었다. 좁은 부산 바닥에서 '이단 비스무리한' 교회를 목회한 전력은 상처가 되어 돌아왔다. 그러나 살아야 했다. 피투성이라도 살아 있어야 했다. 1년 반 정도 사역지를 찾는 기간 동안 무엇이든 해야만 했다. 6개월 정도 대리운전을 했고, 8개월 정도는 부두에서 일을 했다.

그러다 부산 연산동의 어느 교회에 지원하여 청빙을 받았다. (사실 그 당시 나는 어느 교회이든 지원해야 한다는 절박함이 있었다.) 그 교회에 담임으로 부임하여 딱 3년 목회하고 그만두었다. 아니, 쫓겨났다. 그 교회는 설립자 장로님이 여전히 다니고 있었고 그분의 두 아들이 대를 이어 장로로 시무하고 있었기에, 짐작하다시피 좀 심하게 말하면 교회가 아니라 패밀리비즈니스를 하는 곳이었다. 제대로 설교를 할 수도 없었고, 목회를 할 수도 없었다. 그 교회를 사임하면서 나는 사실상 목회를 포기했다. 두 차례 담임목회의 기억, 전혀 다른 성격의 두 교회를 목회하면서 어설프게 내린 결론은 '답이 없다'였다. 그렇게 목회를 포기했다. 그러나 나는 또 살아야만 했다.

다행히 아버님이 운영하시는 사업체가 있어서 거기서

일을 하면서 삶을 정리하고 생계를 유지할 수 있었다. 이 과정에서 무엇보다 아내를 자유롭게 했다. 비록 늦었지만, 목사 사모라는 굴레를 벗고 하고 싶은 일을 마음껏 하며 살라고 북돋아 주었다. 아내는 지금 다문화 교육 쪽으로 박사 공부를 한 뒤, 청소년 및 아동상담센터를 운영하고 있다.

그런데 아버님의 사업체를 계속 유지할 수가 없게 되었다. 사업을 장기적으로 이어 가려면 본사가 있는 베트남으로 옮겨야 했는데, 그러기엔 엄두가 나질 않아서 사업을 그만 접었다. 나는 다시 살아야만 하는 현실에 직면했다.

그리고 내 나이 만 50이 되어 전 국민 건강검진을 할 때 대장 내시경을 해보니 대장암이 나왔다. 그것도 임파선으로 전이된 4기. 한 달만 늦었어도 말기로 진행이 될 뻔했단다. 이젠 정말 살아야 했다. 피투성이가 되더라도 나는 살아야 했다.

약함의 자리에서 약함의 능력을 믿으며

지금 나는 부산 구서동에서 그소망교회를 목회하고 있다. 아이들 포함 30명도 안 되는 작은 공동체다. 그러나 나는 이 작은 공동체를 참 사랑한다. 내가 암 환자인 줄 알고도

우주현

함께 교회를 시작해 준 공동체이며, 치료 기간을 묵묵히 같이 겪은 공동체다. 또한 지금은 가벼운 뇌경색까지 와서 (뇌경색은 1년이 되어 간다) 사실 말도 좀 어눌해졌음에도 여전히 날 지지하고 격려하고 있다.

내가 다시 교회를 시작하게 된 것은 한 학생과의 상담이 계기였다. 나는 부산의 한 신학교에서 10년 넘게 강의를 하고 있는데, 그 학생이 자기가 다니는 교회가 좀 이상하다며 상담을 해왔다. 그 교회는 담임목사가 전형적인 신사도 운동에 앞장서고 있었다. 그 상담을 계기로 같은 문제의식을 가진 세 가정이 나와 함께 성경공부를 하게 되었고, 자연스럽게 교회로까지 연결되었다. 대장암 4기 진단을 받은 건, 교회를 함께 시작하기로 결심하고 첫 예배를 앞둔 2주 전이었다.

나는 망설일 수밖에 없었다. 이제 전혀 생각지도 못한 길을 가야 하는데…. 치료를 장담하기도 어려운데…. 만약 교회를 시작했다가 내가 덜컥 죽기라도 한다면 이분들이 받을 상처는 어떻게 해야 하나…. 별 생각이 다 들었다. 그러나 또 한 번 살아보기로 결정했다. 설사 피투성이가 되더라도 다시 한 번 더.

원고 청탁을 받고 과연 '내 인생의 한 구절'로 내세울 성경 말씀이 뭐가 있을까 고민했다. 그러다 떠올린 말씀이 에스겔서의 "너는 피투성이라도 살아 있으라"였다. 돌이켜 보면 총신대에 입학하여 신학이라는 길로 들어선 그 순간부터 나는 단 한 번도 행복한 적이 없다. 이미 언급한 대로 매일매일 살아 내는 일들로 너무 버겁고 무거웠다. 학교생활도, 교회생활도, 생계를 유지하는 일도 모두 엄중하게 다가왔다. 게다가 암에 뇌경색까지….

　그렇게 기어이 하루하루를 살아오면서 이제야 깨닫는 바가 있다. 그건 바로 우리가 믿고 있는 이 복음이야말로 '실패자들을 위한 좋은 소식'이라는 것이다. 그리고 내가 믿는 하나님은 언제나 약함의 자리를 준비해 두시는 분이라는 사실이다.

　　내 은혜가 네게 족하도다.

　　이는 내 능력이 약한 데서 온전하여짐이라.

　　(고린도후서 12:9)

나는 이제 이 말씀을 믿는다. 약함의 능력을 이제는 믿는다. 하나님께서 내게 '살아 있으라' 말씀하신 이유도, 그렇게 꾸역꾸역 살아서 바로 약함의 능력을 깨달으라고 하심인 줄 이제 나는 안다.

그래서 오늘도 나는 다시 살아간다. 비록 환도뼈가 부러져 절뚝거리면서도 나는 그 얼굴, 하나님의 얼굴을 구하며, 절뚝거리며 나는 그 길로 오늘도 간다.

"너는 피투성이라도 살아 있으라.
다시 이르기를 너는 피투성이라도
살아 있으라."

기가 막힐 수렁에서도,
저항의 광장에서도

———— 내가 여호와를 기다리고 기다렸더니
귀를 기울이사 나의 부르짖음을 들으셨도다.
나를 기가 막힐 웅덩이와 수렁에서 끌어올리시고
내 발을 반석 위에 두사
내 걸음을 견고하게 하셨도다.

(시편 40:1-2)

장석윤

학부에서 경영학을 전공하던 중 새로운 부르심을 받고 신학교에 편입, 한국성서
대와 안양대 신학대학원에서 공부하며 목회자의 길로 들어섰다. 서울 사당동에서
잘 먹고 뜨겁게 사랑하며 삶으로 예배하는 공동체, 나드림교회를 유쾌하게 섬기
고 있다. 사랑하는 아내 성희, 하나님의 선물 수아, 새순이와 경기도 양평 서종에
서 살고 있다.

숨 가쁘게 움직이는 의료진의 손길, 복잡한 응급실 한구석에 임시 공간을 만들어 사람들을 내보내고는 주렁주렁 빨간 피를 매달아 놓는다.

"장석윤 씨, 절대 움직이지 마세요."

"장석윤 씨, 침대에서 일어나지도 마세요."

'죽지 않을 것'이라는 확신 너머로

차분하고 조용한 나와는 달리 여러 의료진의 당부 목소리가 미세하게 떨리고 있다. 건강한 성인에 비해 적혈구 수치 2분의 1, 백혈구와 혈소판 수치 10분의 1. 평소 숨이 차고 멍이 들고 피가 멈추지 않는 일들이 잦아 종합병원 응급실을 찾은 터였다. 무어라 말을 하려다가 이내 입을 다물었다. 샘솟듯 잇몸 사이로 피가 계속 흘러나와 입속 한가득 핏덩이가 가득하고 비린내가 진동했기 때문이다. 이렇듯 입이 해어지니 간단한 세균 감염에도 문제가 생길 수 있어 복잡한 응급실이 아니라 일반 병실로 가야 했다. 지인들을 총동원하고 의료진도 발을 동동 구르고 있던 차에 원무실에서 6인실에 자리가 났다는 연락이 왔다. '누구의 도움일까?'

올라가 보니 가장 좋은 창가 자리가 비어 있었다. 보통은 병실에 있던 환자들이 들어온 순서에 따라 좋은 자리에 배정되는 법인데 이상했다. 어쨌든 나는 나에게 꼭 필요했던 깨끗한 병실 창가 아늑한 자리에 누워 숨 가쁘게 몰아친 하루를 쉴 수 있었다.

나중에 듣게 된 사실은 이 병상 환자분이 오후에 갑자기 돌아가셔서 생긴 자리란다. '그랬구나.' 그러고 보니 차갑게만 보였던 흰색 시트가 외려 따뜻하게 느껴진다. 당신만이라도 꼭 살아 내라는 돌아가신 분의 선물 같았다.

누군가의 죽음으로 누군가는 산다는 사실은, 이처럼 추상적이거나 관념적이지 않다. 그저 은혜로 주어진 이 아늑하고 깨끗한 침대 공간에 누운 것처럼, 이제 내 몸과 맘을 신뢰하는 그분께 맡기는 것 빼고는 할 일이 없었다.

많은 일이 있었던 그날은 공교롭게 만우절이었다. 약물 투여, 주사요법, 그리고 최종 골수이식까지. 선택의 여지가 없어지면서 정말이지 기가 막힐 웅덩이와 수렁에 빠진 것처럼 거짓말 같은 일들의 연속이었다. 치료할 방법은 없고, 희귀 난치성 혈액질환인 나에게 3개월의 짧은 시간만이 주어졌다.

그리고 몇 개월 후, 정말 몸에 이상이 느껴졌다. 눈을 뜰 수가 없었다. 눈과 얼굴 전체에 출혈이 생긴 것이다. 걷잡을 수 없을 정도로 멍이 번져 가고 뇌출혈이 걱정되는 상황에서 또다시 응급실로 실려 갔다. 역시나 지혈에 필요한 혈액은 여름 휴가철에 제대로 준비되어 있지 않았다. 담당 의사는 여러 곳에 혈액을 주문해 놓고는 오늘이 고비일 수도 있으니 가까운 분들을 오시게 해서 준비하라고 했다. 덕분에 응급실에 찬송가와 기도 소리가 나지막이 울렸다. 소위 말하는 임종을 준비하는 예배였다. 부모님과 가까운 성도 몇몇 분이 오셔서 내 침대 주위에 빙 둘러서서 흐느끼며 기도하셨다. 눈물의 간구가 뒤섞인 처절한 그날 오후 내내 시편 40편의 말씀을 떠올렸다. 그리고 마음속으로 계속 이 말씀을 되뇌었다.

> 내가 여호와를 기다리고 기다렸더니
> 귀를 기울이사 나의 부르짖음을 들으셨도다.
> 나를 기가 막힐 웅덩이와 수렁에서 끌어올리시고
> 내 발을 반석 위에 두사
> 내 걸음을 견고하게 하셨도다.
> (시편 40:1-2)

저녁 무렵, 요란한 구급차 사이렌 소리와 더불어 열 명분

장석윤

의 혈액이 도착했다. 그 후 두 달이 넘는 입원 기간 동안은, 비록 몸은 나아지지 않았지만 '나는 죽지 않을 것이다'라는 확신을 넘어 마음속에 참 평화가 임했던 특별한 시간이었다. 그랬다. 생명으로 부활하신 예수님의 첫 일성(一聲)이 두려워 떠는 제자들을 향한 평강의 선포였다는 사실을 나중에 성경을 읽으며 알았다. 성경을 붙잡고 한참을 울었다.

> 제자들이 유대인들을 두려워하여
> 모인 곳의 문들을 닫았더니
> 예수께서 오사 가운데 서서 이르시되
> 너희에게 평강이 있을지어다.
>
> (요한복음 20:19)

아침마다 주의 인자하심, 밤마다 주의 성실하심

극적인 사건들을 접하면서 모든 어려움을 믿음으로 잘 이겨 낼 것 같았지만, 문제는 전혀 진전이 없는 매일을 살아 내는 일이었다. 여전히 온몸에 멍과 수혈 부작용이 있고, 몇 걸음만 걸어도 숨이 차는 체력, 종일 입안에 머금은 피까지. 같은 질환을 앓는 환자들 중에는 잠을 자다가 내부 장기출혈로 죽을 수도 있기 때문에 신경정신과 치료를 받고 불면증으로 수면제를 복용하는 이도 많았다. 이렇게 일상의 두려움과 싸우는 일은, 크고 작은 기적을 경험한 나에게도 쉽지 않은 일이었다. 매일 싸워야 했으니까.

> 아침마다 주의 인자하심을 알리며
> 밤마다 주의 성실하심을 베풂이 좋으니이다.
>
> (시편 92:1)

매일 밤 자기 전에 이 말씀으로 찬양을 부르고, 또 매일 아침 눈을 뜨면 시간 약속이나 한 것처럼 이 말씀으로 찬양을 불렀다. 그리고 내 방 구석진 창문 틈으로 들어오는 찬란한 아침의 빛을 보며 오늘도 살게 하심에 감사기도를 드렸다. 자다가 죽을 수 있다는 사실을 잊고 평안히 잔다는 것, 아침마다 새날을 주심을 찬양한다는 것은 이제껏 한 번도 경험하지 못한 하나님의 인자하심과 성실하심이라는 특별한 은혜였다.

이런 예배가 내 삶에 또 있을까? 매일 생명을 의탁하고 그 생명 주심에 감사하는 예배, 생명을 드리는 삶의 예배. 이러한 경험은 내가 이제껏 생명과 예배라는 주제에 천착하게 된 이유이기도 하다.

장석윤

3년간 집과 병원을 숨 쉴 사이 없이 오간 지난한 과정들을 톺아보니 감사와 은혜의 연속이었다. 만약 기가 막힐 웅덩이와 수렁에서 건지시고 내 걸음을 반석 위에 두지 않으셨다면, 만약 내 마음에 참 평안이 없었다면, 만약 매일 주의 인자하심과 성실하심을 노래하지 않았다면, 만약 기도하는 부모님과 아내가 없었다면….

  말씀이 나를 일으키고 세우심이 분명하다. 아울러 주께서는 그 생명의 말씀을 온전히 믿고 사는 사람을 통해서 역사하셨다. 그렇다. 나에게 말씀은 그 말씀대로 사는 삶과 사람을 통해 능력이 되었다.

제사보다 인애와 하나님을 아는 지식

생명에 대한 집착은 이제 직업병(?)이 되었다. 사역자가 되어, 외적 부흥을 경험하고 청년들을 양육하면서도 늘 이 소망을 품었다. '살아 있는 공동체, 생명의 말씀에 힘입어 타자를 사랑하고 연약한 이웃들을 환대하고 그들과 연대하는 공동체.'

> 너희 몸을 하나님이 기뻐하시는
> 거룩한 산 제물로 드리라.

이는 너희가 드릴 영적 예배니라.

(로마서 12:1)

로마서의 이신칭의라는 관념적 언어가, 부활의 능력으로 새 생명 가운데 행하는 삶(로마서 6:4)으로 새롭게 자리매김하게 된 그 무렵이었다. '나드림'(NADREAM)은 그렇게 시작되었다. 나를 드린다는 의미와 나의 꿈이 그분께 있다는 이름의 '나드림'. 로마서 12장의 말씀을 따라 우리의 존재를 흠이 없는 제물로, 우리의 삶을 하나님이 기뻐하시는 제물로 드리는 교회를 꿈꾸며 오르간 학원, 카페, 어린이집을 거쳐 지금은 사당동에서 선교한국과 공간적 연대를 통해 성숙한 나눔을 이어 오고 있다.

우리 몸을 드린다는 것, 이 하찮은 몸뚱이가 제물이 되어 세상 속에서 구별된 하나님의 자녀로서 살아감을 통해 우리의 존재를 선명한 예배로 드리는 이 공동체는 하나님이 새롭게 산 나에게 주신 열매요 선물임에 틀림없다.

나는 인애를 원하고 제사를 원하지 아니하며
번제보다 하나님을 아는 것을 원하노라.

(호세아 6:6)

장석윤

하나님은, 더 정성을 들여 예배하는 것이 온전한 예배라 착각한 이스라엘을 향해 제사보다 '인애'와 '하나님을 아는 지식'을 원한다고 말씀하신다. 그런데 우리의 관심과 선택은 늘상 더 큰 정성, 더 많은 헌신, 더 큰 것, 더 센 것을 사모하는 방식으로 옮겨 간다.

사실 극적 체험을 통한 강력한 '한 방'(간증)을 가지고 있는 나에게 끊임없이 유혹이 되는 지점도 여기에 있다. 바로 간증의 권력화다. 더 큰 기적, 더 큰 은사, 더 큰 헌신, 더 센 체험을 한 사람은 교회 내에서 보이지 않는 권력과 영향력을 가지게 된다. 이 힘에 대한 유혹은 방송국의 배틀 프로그램처럼 상대방의 아픔을 내 기준으로 재단해 그 아픔을 아무것도 아닌 것으로 만들어 버린다. 그러고선 더 강한 체험을 경험한 사람이 등장할 때까지 폭력적인 방법으로 체험과 은혜의 메시지를 휘두른다. 작금의 우리, 아니 나에게도 더 큰 간증, 더 센 체험은 힘의 논리로 작용해 성도들을 자유롭게 하는 것이 아니라 더 정죄하고 더 교회 안에만 머물도록 옥죄는 도구로 사용될 수 있기에 늘 조심스럽다.

그렇다! 인애는 이웃을 향한 사랑의 방식이고 그 이웃을 향해 팔을 벌리신 하나님을 아는 출발이 된다는 점에서 더더욱 체험한 은혜의 크고 작음으로 우리네 신앙과 믿음을 줄 세우지 않았으면 한다. 나아가 청년들을 향한 '노~오~력 부족'이라는 기성세대의 채찍질은 스펙과 믿음을 개개인의 내면을 더 채우는 방향으로 이끌어 정작 사회구조악은 외면하고 복음의 공공성과 연대를 희석하는 결과를 초래할 뿐이다. 자극적인 간증 배틀이나 저잣거리의 성공담을 버리고 하나님을 힘써 아는 일에 우리의 시선을 두면 좋겠다.

정의를 시행하시는 하나님

2014년 4월 이후 팽목은 나에게 길갈(Gilgal)이 아니라 갈기갈기 찢겨진 생채기 같은 곳이 되었다. 십수 년 청년들을 이끌고 다녔던 낙도 수련회가 바로 이곳 팽목에서 출발한 사역이었기 때문이다. 몇 날을 고생하고 각자의 섬에서 나와 서로 안고 울며 기뻐하던 기억이 선명한 자리에서 304명의 희생자와 9명의 미수습자를 기리는 분향소와 가족들을 마주하게 되는 작금(2017년)의 현실이 여전히 안타깝다. 온전한 선체인양과 진상규명, 관련자 처벌이라는 상식적인 요구가 이토록 어려운 것인 줄 그때는 몰랐다.

광화문과 팽목, 안산을 오가며 추모하고 기억하고 저항

장석윤

한 시간들 속에서 순수하지 못한 목회자라 의심받고 손가락질받던 그 무렵 붙잡았던 말씀은 시편 72편 4절이다.

> 그가 가난한 백성의 억울함을 풀어 주며
> 궁핍한 자의 자손을 구원하며
> 압박하는 자를 꺾으리로다.
>
> (시편 72:4)

도무지 보일 것 같지 않은 처절한 울음과 비통함 속에서, 그분의 부재라 느낄 만큼 우리의 신앙이 온통 헝클어진 그 상황 속에서 이 말씀은 나에게 위로요 소망이었다. 뜨거웠던 광장이 다시 눈보라로 덮이고 다시 봄이 찾아오길 여러 해. 나는 불의를 기뻐하지 아니하는 사랑에 힘입어 하나님의 공의와 정의를 외치는 그 현장에 오늘도 서 있다.

예배당이라는 울타리를 넘는다는 것, 저 광장에 함께하시는 하나님을 경험한다는 것은 복음을 진정으로 안다는 것이다. 이웃과 함께함으로 주어지는 내적 충만함과 자기만족을 버리고 고통과 아픔을 오롯이 느끼며 서 있는 힘은 이 말씀을 아는 힘에서 비롯된 것이기 때문이다.

상한 갈대를 꺾지 아니하며

꺼져 가는 등불을 *끄*지 아니하고

진실로 정의를 시행할 것이며

(이사야 42:3)

정치, 경제, 사회, 문화 등 다양한 영역에서 하나님의 공의
와 정의가 회복되기를 소망한다. 연약하고 상처투성이인
우리를 여전히 아시고 사랑하시는 그분께서 주실 것들을
기대한다. 상한 갈대를 꺾지 아니하며 꺼져 가는 등불을
*끄*지 아니하시는 그분께서 진리로 공의를 베풀 것을 기대
한다. 패역한 세상 가운데에서도 우리가 낙심하지 않을 이
유가 바로 여기에 있다. 주께서 우리를 도우시길!

장석윤

검붉은 상처에
은혜가 돋아나다

———— 나의 영혼아, 잠잠히 하나님만 바라라.
무릇 나의 소망이 그로부터 나오는도다.

(시편 62:5)

김종원

대신대와 총신대 신학대학원에서 공부했다. 신학교 졸업 후 어릴 적 받은 복음의
빚을 갚으려 고향으로 가려 했지만 여의치 않아 조그만 도시에서 청년들을 섬겼
다. 2년 후 혹독한 시련을 통해 교회를 개척하게 하신 하나님께 항복하고 7년을
더 섬겼다. 그 후 5년간 북카페를 운영하면서 하나님과 사람과 자연에 대한 물음
을 품고 인고의 시간을 보냈다. 그림과 음악과 커피를 전문가 수준으로 애호하고
즐길 줄 아는 목사로, 현재 숙명여대 앞 효창교회를 섬긴다.

어머니가 돌아가셨다. 어머니의 상여가 나가고 꼭 여섯 달 후 아버지마저 돌아가셨다.

하루의 그림자가 집을 찾는 저녁이면 막내 여동생은 마루 기둥에 매미같이 달라붙어 울었다. 슬픔은 고사하고 또 무슨 일이 일어나지는 않을까 뒤숭숭하여 두 동생을 자꾸 돌아보며 살아 있음을 확인했다.

마을 어른들은 '터가 좋지 않아 망한 집'이라고 우리 집 앞마당에 한두 마디씩 던지고 갔다. 풍수지리를 좀 안다는 사람은 마을 아래쪽에 위치한 집이라서 '위에서 내려오는 나쁜 액운을 다 받아들인다'느니, 짐승이 누워 있는 꼬리에 해당하는 지형이라 '나쁜 냄새가 다 모여들었다'느니 하며 한술 더 떴다.

부모 여읜 것도 서러운데 졸지에 우리는 이상한 집에 사는 세 아이로 인식됐다. 하긴 어머니 돌아가시기 일 년 전엔 할머니가 돌아가셨다. 그 2년 전엔 숙모와 숙모의 아들이 죽었다. 만 4년 동안 다섯 번의 초상을 치렀으니 사람들이 그런 말을 하고도 남을 일이었다.

참견자들에 맞서 기도로 방패 삼다
교회를 찾는 것 외에 다른 방법이 없었다. 새로 부임한 목

김종원

사님이 나를 위로했다.

"하나님이 부모님을 빨리 불러 가신 건 김 선생을 주의 종으로 만들려는 뜻이니 이겨 내야 해요."

이런 기도 안 차는 말이 있나. 나를 주의 종 만들려고 부모님이 빨리 돌아가신 거란다. 한마디로 내가 불효자식이라는 말 아닌가. 위로받고 싶어 찾은 교회에서 기가 막힐 말을 들었다. 그럼에도 딱히 갈 곳 없는 시골에서 간섭하는 어른들을 피할 수 있는 건 교회뿐이었다. 목사님의 '무서운 위로' 2탄이 나오지 않기를 바랄 뿐이었지만, 외향적인 그분의 성격상 언제든지 마음을 후벼 파고도 남을 거룩한 훈계가 던져질 것이었다. 대비해야만 했다. 그 방법이 기도였다.

> 제 구 시 기도 시간에
> 베드로와 요한이 성전에 올라갈새
>
> (사도행전 3:1)

베드로와 요한이 성전을 찾아 기도했다는 내용이다. 어른들도 피하고 목사님도 피할 수 있는 나만의 방법이 기도였다. '이왕 시작한 것, 사도들이 했다는 횟수보다 더 해보자.

목사님이 말을 걸어올 틈도 없이 하루 다섯 번을 하자.'

참견하고 싶어 하는 집안 어른들이 교회당까지 찾아와서 창문을 두드리기 일쑤였다. 들키지 않으려면 더 납작 엎드려야 했다. 엄지발가락과 무릎과 이마가 바닥에 닿는 자세가 필요했다. 고함소리에 버금가는 통성기도로써 일절 다른 소리를 듣지 못한 체해야 했다.

간섭하려는 사람들이 조금씩 거리를 두기 시작했다. 목사님 말씀이 맞았던 걸까. '나 같은 죄인' 때문이라는 고백이 터져 나오며 눈물콧물 범벅이 되었다. 그렇게 시작한 기도는 여덟 달쯤 지나자 몸에 맞는 옷처럼 느껴졌다.

그리고 신비한 체험을 했다. 기도할 때마다 불덩어리가 정수리에서 발끝까지 통과하고 그럴 때마다 감전되는 듯했다. 갈라진 홍해를 건너는 듯 거대한 불이 붙는 벽 사이를 걷는 황홀경에 빠져들었다. 암에 걸린 이웃 어른을 세 아들이 이불에 싸서 내게 모셔 왔다. 살려 달라는 그 간곡한 부탁에 나도 모르게 머리에 손을 얹어 기도를 했다. 첫 안수기도였다. 그때 내 나이 스무 살이었다. 신학을 했을 리 없다. 뜨거움뿐이었다.

읍내로 나가는 버스를 탔다. 손잡이를 잡은 손이 숯덩이같이 뜨거워지기 시작했다. 직감으로 알았다. 기도해야 했

김종원

다. 20여 분 뒤 버스가 갑작스러운 고장으로 심하게 요동치다 급정거를 했다. 뒤에 있던 사람들은 앞쪽으로 튕겨가서 처박혔다. 아수라장이었다. 사람 등뼈에 해당되는 버스의 중심 판이 끊어져서 단단한 아스팔트 바닥을 갉아 버렸다. 버스 기사는 정신없이 중얼거렸다.

"버스의 허리가 끊어져 두 동강 났어요. 큰 사고가 안 난 게 천만다행입니다. 손님들이 전부 착한 분들인가 봅니다."

신기한 일들이 계속 일어났다. 쭈뼛거리던 친구들이 상담을 해왔다. 잘나간다는 형들이 교회에 관해 진지하게 묻기 시작했다. 후배들은 나를 따르고 교회로 모였다. 졸지에 중고등부 지도교사가 되어 설교를 시작했다. 서울의 어느 대학원을 다녀야 하는 목사님을 대신해서 어른 예배 설교도 맡게 되었다. 새벽기도, 수요예배, 금요철야에 더해 토요일 저녁 중고등부, 주일 아침 유초등부, 주일 저녁예배, 심지어 가정심방까지 내 몫이 되어 갔다. 더불어 집 안 구석구석, 불길해 보이는 과거를 낱낱이 지우기 시작했다. 집터를 문제 삼던 어른들이 조용해졌다. 그야말로 기도의 힘이었다. 기도는 나를 있게 해준 모든 것이었다.

부흥강사로 오신 목사님의 안수기도는 결정타였다.

"김 선생에게 목사의 영이 있어요. 자꾸 성령님이 그렇게 말씀하시네요. 이 교회도 김 선생 때문에 되어 가는 거래요."

나는 그렇게 기도를 알아 갔다. 그 후로도 내 손은 기도만 하려면 뜨거움이 일었다. 크고 작은 신비로움이 나를 이끌고 다녔다. 그렇게 기도의 사람으로 무르익어 갔다.

교회 정치, 교단 정치에 입은 질긴 트라우마

꿈에 그리던 신학을 끝냈다. 나 같은 사람이 주의 종이 되다니 감격스러웠다.

'이 감격을 그대로 묻어 둘 순 없어.'

고향 가까운 곳으로 가서 2년만 섬기겠다고 작정했다. 이런 각오조차도 뿌듯했다. 그렇게 시작한 사역은 엄청난 벽에 부딪혔다. 죽음이 엄습해 오던 불신의 세상이 아니라 생명의 전당이라는 교회를 통해서였다. 교단 정치의 혹독함을 겪어야 했다.

"담임목사 유고 시 부목사는 위임목사를 보좌하는 임시목사니 당회의 결의로 청빙하되 계속 시무하게 하려면 매년 당회장이 노회에 청원하여 승낙을 받는다."

대한예수교장로회 합동교단의 부목사 청원 건이었다.

교회 정치를 앞세우는 사람들은 이런 기회를 놓치지 않는다. 덫이다. 그들만의 작은 왕국이다. 매관매직이 멀리 있는 것이 아니다. 전권위원회라는 이름으로 등장하여 취조하고 회유를 일삼는 풍조가 중세의 타락한 모습과 다를 바 없었다. 이걸 기회로 무자비한 횡포를 일삼는다. 교회를 위한다고 말하지만 그들에게서 교회가 사라진 지는 오래다.

말을 듣지 않으면 더 힘들게 하는 방법이 있다. 마음대로 떠날 수 없도록 이명(移名)을 허락지 않는다. 오직 말 잘 듣겠다는 포기각서에다 그들이 요구하는 사례만 필요했다. 따를 수 없었다. 고집스럽게 버텼다. 연말로 교회를 떠나라는 통보를 해왔다. 지루한 시간의 끝에 '개척을 하라'는 노회 결정이 내려졌다. 그렇게 울며 겨자 먹기로 교회를 개척했다. 2년만 섬기다 도시로 떠날 거라고 당당하게 시작한 내 기도와는 다르게 엉뚱한 길로 접어든 것이다.

그래도 감사했다. 개척교회는 빠른 속도로 부흥하기 시작했다. 날마다 새로웠다. 그렇게 여섯 달여가 지날 무렵 내 안에는 이상한 기운이 감지되었다. 주먹으로 누군가를 치고 싶었다. 횟수가 조금씩 잦아졌다. '목사 마음에 이런 생각이 들어도 되나?' 회개기도로는 소용이 없었다. 필요

없는 소리가 점점 더 잘 들렸다. 먼지가 반딧불처럼 라이트를 켜고 사방으로 날아다니는 믿을 수 없는 현상들이 눈앞에 어른거리기 시작했다. 내가 누구인지, 내 안에 무슨일이 일어나는지 알 수 없었다.

유명하다는 병원을 찾았다. 한 달여 검사 끝에 의사는 내게 불면증(Insomnia), 주요우울증(Major depression), 강박증(Obsessive-Compulsive Disorder)을 비롯한 여섯 가지 병명을 말해 주었다. 병의 원인이 청소년기 '트라우마'(Trauma)라며 과거를 들추기 시작했다. 그것만은 아닐 거다. 짐작하건대 신학을 졸업한 기쁨을 순식간에 앗아 간 교단 정치가 남긴 상처다. 모세가 '말을 잘 못한다'고, 엘리야가 '죽여 달라'고 하나님께 했던 변명 같은 토로가 다름 아닌 내이야기였다.

심리학과 정신분석학, 마음을 다스리는 데 도움이 된다는 책은 미친 듯이 찾아 읽었다. 내게 무슨 일이 일어난 것인지 알아야만 했다. 실패를 인정하는 것이 실패하는 것보다 더 어렵다는 것을 느낄 때 기도도 힘을 잃어 갔다. 기도로 시작한 나의 신학은 졸지에 기도를 잃은 만신창이가 되었다.

김종원

여호와께서 그의 사랑하시는 자에게는

잠을 주시는도다.

(시편 127:2)

시편 말씀과 달리, 하나님은 내게서 잠을 가져가셨다. 나는 하나님이 사랑하시는 자가 아니란 말인가? 번잡한 생각에 불면의 밤은 더 지속됐다. 수면제를 복용하는 일이 무서웠다. 약에 사로잡힌 인생이 시작됐다. 의사는 말했다.

"내성이 생기면 안 됩니다. 커피는 마시지 말고, 낮에 햇볕을 많이 쬐고…."

그들이 이론으로 아는 사실을 나는 오랜 세월 몸으로 직접 겪어 왔다. 사람들은 대낮처럼 환한 밤의 도시 속에서 환호하지만 우리 주변에는 '잠이 들어설 자리'가 없어 고통을 겪는 이들이 무려 20퍼센트가 넘는다. 약을 복용하는 사람들은 이렇게 말한다.

"여호와께서 그의 사랑하시는 자에게는 '약'을 주시는도다."

인간의 눈물을, 상처를 안다는 것

같은 아픔을 앓는 사람들끼리는 알아보는 법이다. 지지해 주고, 위로하고, 도와주면 나중에는 그만큼의 도움이 오히려 내 약점을 잡은 꼴이 되어 비수로 돌아온다. 실망은 둘째 문제다. 그럴 때마다 '인간은 무엇인가'라는 질문이 잠 못 들게 한다. 모든 것이 정지된다. 무언가를 해명하려는 시도조차 어리석은 일임을 알아 버린 게 마음 아플 뿐이다. 사람이 사람을 안다고 생각하는 것만큼 무서운 일도 없다. 누군가를 잘 안다는 자신만만함만큼 얕음은 없다. 점점 사람에게서 멀어져 간다. 그만큼 기도도 멀어져 간다. 누가 까만 밤을 하얗게 지새웠다고 했는지 모르지만 그 말은 생의 끝 몸부림에서 나온 애타는 절규일 것이다. 다윗도 그중 한 명이다.

> 내가 새벽 날개를 치며
> 바다 끝에 가서 거주할지라도
> 거기서도 주의 손이 나를 인도하시며
> 주의 오른손이 나를 붙드시리이다.
>
> (시편 139:9-10)

동쪽 하늘에 동이 터오는 모습을 "새벽 날개를 치며"라고 표현한 개역개정판의 번역은 압권이다. 뜬눈으로 밤을 지

김종원

새운 이가 맞는 아침은 생명의 환희이다. 고통이라는 단어
조차도 사치스러울 만큼 밤새도록 죽음의 숫자를 헤아렸
을 것이다. '바다의 끝, 새벽 날개'는 그 심정을 표현한 것
이다. 그 절망의 끝에서 주님을 만나 일어선다. "안다는 것
과 깨달음의 차이는 그것이 아픔을 동반하느냐 안 하느냐
의 차이"라 했다. 나는 안다. 그걸 알게 되기 위해 상처받
았다.

　잠 오지 않는 밤이, 인생이 얼마나 짧은 시간임을 말하
려는지 나는 안다. 시간을 넘길 줄 안다. 생각하느라 머리
를 숙이는 법도 안다. 스치는 바람 소리를 들으려 귀 기울
일 줄 안다. 소음과 소란을 구분할 줄도 안다. 작은 생명의
속삭임이 얼마나 자주 일어나는지도 안다. 중력과 씨름하
며 떨어지는 단비에 얽힌 신비도 안다. 송전탑 너머로 동
이 터오는 아침을 맞이하는 밀양의 밤새움을 안다. 세월호
와 304명의 생명을 머금은 팽목항의 서러운 침묵을 나는,
안다. 죽지 못해 또 새벽의 날개를 펴야 하는 사람들의 눈
물을 안다.

　'믿음이 없으면 우울증에 걸린다'느니, '불면증은 주께
온전히 맡기지 못해서'라느니 하며 자기 확신에 찬 목사들
의 설교로는 세상을, 인생을 깨달을 수 없었다. 대부분의

사람은 붉은 마음의 상처를 가지고 살아간다. 감사하게도 나는 그 붉은 상처를 알아본다.

> 나의 영혼아, 잠잠히 하나님만 바라라.
> 무릇 나의 소망이 그로부터 나오는도다.
>
> (시편 62:5)

나는 기도하는 법을 잊어 간다. 내가 잘하는 것이라고 훈장같이 여기던 기도의 법을 잊은 지 오래다. 그래서 고백한다. '생존을 위한 기도'가 떠나간 검붉고 딱딱한 상처에 '은혜'가 돋아났다. 잠이 없는 자리에 '잠잠히' 하나님만 바라는 습관이 자리를 잡았다. 이제 내가 할 일은 과거의 나와 지금의 나를 균형 맞추는 일이다. 눈빛이 설교보다 더 큰 말을 할 수 있음을 살아 있음으로 보여야 한다.

김종원

더 기쁜 자랑

그러나 주님께서는 내게 이렇게 말씀하셨습니다.
"내 은혜가 네게 족하다. 내 능력은 약한 데서 완전하게 된다."
그러므로 그리스도의 능력이 내게 머무르게 하기 위하여
나는 더욱더 기쁜 마음으로 내 약점들을 자랑하려고 합니다.

(고린도후서 12:9, 새번역)

김종호

세 딸을 키운 아빠이며, IVF(한국기독학생회) 간사로 30년째 일하고 있다. 커피를
볶아 아내와 함께 마시고, 자전거를 애용하며, 사진과 자연과 음악과 사람 만나는
것을 좋아한다. 특히 다른 사람을 만나 그만의 스토리를 찾게 도와주는 일에 관
심이 많다. 연세대와 미국 리폼드 신학교에서 공부했으며, 《역사를 바꾼 복음주의
학생운동 이야기》《이 산지를 내게 주소서》 등을 번역했다.

장애를 갖고 자라는 사람은 누구나 부모의 근심거리가 된다. 생후 9개월에 소아마비라는 전염병에 걸린 나는 왼쪽 다리가 마비되는 후유증을 얻었다. 보행에 장애가 생겨 혼자 서는 것도 걷는 것도, 다른 아이들에 비해 한참 늦었다. 그냥 열나고 아픈 정도로만 생각했으나, 나중에 그게 소아마비라는 사실을 아신 부모님은 아들의 미래를 걱정하실 수밖에 없었다. 장애인들의 사회적 지위나 그들을 향한 보편적 인식이 어떤지 아시는 부모님 입장에서는 당연히 아들의 미래가 걱정되었을 것이다.

장애를 가지면서 처음 마주하는 현실은 자의식이나 열등감 이전에 부모의 근심거리가 되는 기구함이다. 존재 자체가 근심거리가 되어 의도치 않은 불효자가 된다. 나중에 성인이 된 후 엄마는 말씀하셨다.

"네가 커서 사람 구실이라도 할 수 있을지 걱정이 많았다."

장애인들이 열등감이나 차별의 경험 속에 엇나간 인생을 사는 경우를 보셨기 때문이리라.

다리를 고쳐 주시길 간절히 기도했다

장애는 비장애인에게는 생소한 소수자 경험을 다양하게

김종호

안겨 준다. 자의식이 생기기 전인 유년기에는 장애 자체를 의식하지 않고 지내다가 결국 인간관계라는 거울을 통해 자신의 장애를 보는데, 거의 전적으로 부정적인 경험들이다. 놀림을 당하거나 스스로를 비장애인과 비교하면서 자의식이 형성된다. 당연히 부정적일 수밖에 없다. 나도 병신, 쪽쪽발, 절뚝발이 등 다양한 차별과 조롱의 언어를 들으며 자랐고, 체육시간이면 열외가 되어 남들 하는 걸 멀뚱멀뚱 구경만 하는 존재로 '배려라는 이름의 소외'를 경험했다. 옆집 살던 못된 녀석 한 명은 나를 때리고 도망가면 내가 못 쫓아온다는 사실을 알고 괴롭혔다.

장애를 가진 사람이 자존감을 형성하는 과정은 평탄치 않다. 나를 감추고 포장하는 법을 더 많이 익혔고, 장애가 대표적인 평가 요인이 되어 버렸기 때문에 내 존재에 대한 고민은 진로선택, 결혼, 대인관계 등 모든 영역에 영향을 끼쳤다.

이제껏 가장 잊고 싶으나 잊지 못하는 말이 있다. 1991년 말 졸업을 앞두고 선교단체 간사로 지원하여 면접 때문에 이사 한 분을 만나러 갔을 때 들은 말이다.

"뭐 이 일 말고 다른 일은 할 수 없겠구만."

차별과 편견의 언어에 익숙했지만, 이 말은 내 기분을

더럽게 만든 참으로 못된 말이었다. 지금 다시 그 자리에 간다면, 방금 하신 말씀을 취소하고 사과하시라고 단호하면서도 정중하게 요구하고 싶다.

장애를 해결하고 싶은 마음은 어릴 때부터 간절했다. 초등학교 5학년 때 교회 부흥회에 가서 마룻바닥에 방석 깔고 앉아 간절히 찬송을 따라 부르고, 부흥사 목사에게 안수를 받으며 다리를 고쳐 주시길 간절히 기도했던 기억이 있다. 믿음이 겨자씨 한 알만큼만 있어도 "이 산을 명하여 여기서 저기로 옮겨지라 하면 옮겨질 것"이라는 말씀을 마음에 담고 매달렸건만, 내 다리는 한 치의 개선도 없었다. 이 당황스러운 현실을 5학년 어린이는 제대로 소화할 수 없었고, 결국 고스란히 하나님을 향한 실망과 의문이 되어 마음속에 남았다. 이 상심을 꺼내어 되짚어 보고 정리할 수 있었던 것은 서른 살이 넘어서였다.

비록 기적 같은 경험으로 나를 고쳐 주시진 않았지만, 돌아보면 하나님은 장애와 더불어 사는 법, 장애에 매이지 않고 사는 법을 알려 주셨다. 부분적으로는 장애가 개선되는 일도 있었다. 내가 생각한 방식은 아니었으나 이 또한 하나님의 응답이라는 생각이 든다.

장애를 스스로 의식하지 않게 된 가장 중요한 요인은 나

김종호

를 장애인이 아니라 그냥 친구로 받아 준 공동체의 역할이었다. 대학에 들어가 선교단체에서 활동하면서 나도, 친구들도 장애를 의식하지 않는 만남 속에서 지냈다. 그렇게 그냥 내 모습 그대로를 스스로 받아들일 수 있는 내적인 힘을 얻었다. 중학교 1학년 때는 소아마비로 생긴 변형 중 일부를 수술로 치료하면서 보행이 개선되는 경험도 했다. 비록 내가 바라는 방식과 타이밍은 아니었지만, 그 2년 전의 기도는 분명 응답받은 것이다.

무엇보다 서른 살 이후에 묵상하며 침묵으로 기도하는 훈련을 받던 중, 5학년 때의 거절 경험을 놓고 예수님과 대화했던 일은 마음으로 장애를 수용하는 중요한 계기를 만들어 주었다. 행복이 어떤 상황이나 조건에 달려 있지 않다는 점과 상황을 초월해 이미 나는 행복한 사람이라는 사실을 깨달으며, '장애가 사라져야 행복할 것'이라는 고정관념이 교정될 수 있었다. 그런데 장애와 더불어 사는 여정의 끝은 수용이 아니었다.

마르바의 삶에서 기쁨을 배우다

장애를 그냥 수용하는 것을 넘어 적극적으로 기뻐하기로 다짐하게 된 데는 한 사람과의 만남이 큰 역할을 했다.

나보다 훨씬 심각한 장애를 갖고 평생 사셨지만, 늘 기쁨으로 가득했던 순수한 영혼의 소유자 마르바 던(Marva J. Dawn, 1948-2021)과의 만남이다.

그분을 처음 뵙게 된 건 1998년쯤으로 기억된다. 신학교 봄학기에 특강 강사로 오셨다. 목발을 짚고 강단에 섰는데, 너무나 해맑은 영혼의 소유자였다. 마르바 던은 젊어서부터 수많은 질병을 겪었으며, 평생 장애와 더불어 사셨다. 남편 손에 의지해야 일상을 살 수 있었는데, 첫 번째 남편에게는 버림을 받았다. 이분을 섬기는 일을 사명으로 여기는 두 번째 남편 마이런(Myron)을 만나 함께 세계를 돌며 영혼을 움직이는 강연을 하고 수많은 저서를 남겼다. 그 후로 한국에서 두 번 뵈었다(2007년 사랑의교회 특강과 동아시아 IVF 학사수련회에서). 그 후 만난 곳이 2014년 코스타(KOSTA, 해외유학생수련회)였다. 이 중 두 번은 각각 강사와 통역자로 만났는데, 코스타에서의 마지막 만남이 가장 인상에 남았다.

당시 그분은 낙상 후유증으로 오른쪽 다리를 절단하셨고, 왼쪽 다리는 심한 변형 때문에 체중을 싣기 어려운 상황이었기에 휠체어에 의지해 지내고 계셨다. 그런데도 고집스럽게 80분 정도를 서서 설교하겠다는 의지를 보였다.

김종호

세 번에 걸쳐 설교하시는 동안 양쪽 팔로 강단을 붙들고 초인적 의지로 서서 메시지를 전하셨다. 설교 후 휠체어에 다시 앉으실 때는 거의 쓰러지실 정도였다. 셋째 날 아침이었나, 앞에 서시더니 참가자들에게 물으셨다.

"여러분, 아침에 여기 오기까지 혹시 기적을 경험하셨습니까?"

참가자들은 무슨 소린가 싶어 선뜻 대답하지 못했다. 이어서 말씀하셨다.

"저는 왼쪽 귀가 안 들리고, 오른쪽 눈이 안 보입니다. 지금도 하루에 면역 억제제를 비롯해 수십 알의 약을 먹어야 겨우 살아갑니다. 그런데 여러분은 보실 수 있죠? 들으실 수 있죠? 걸으실 수 있죠? 사실 이 모든 게 기적입니다."

마르바는 일상에서 당연히 여기던 것들이 기적임을 알게 해주신 분이셨다. 그러면서 평생 약함을 친구 삼아 살아 오면서 배운 하나님의 능력, 그리고 아주 작은 것에도 기뻐하며 일상과 오늘을 감사하는 영혼의 부요함을 간증하셨다. 더 많은 것들을 가지고도 불행한 사람들 앞에서, 많은 것을 상실했고 약함으로 평생 고통당하면서도 기뻐하는 삶을 살고 계신 마르바의 모습은 큰 외침과 울림이 되었다. 이제 당뇨, 신장병, 장애, 고통 없는 곳에서 평안히,

기쁘게 지내실 그분을 통해 나는 고통을 기뻐하는 법을 배우게 되었다.

장애를 기뻐한다고?

장애를 기뻐한다는 말은 어불성설이다. 고통을 기뻐하는 것은 고통 자체를 기뻐하는 것이 아니라, 고통으로 얻게 된 새로운 은혜를 기뻐한다는 뜻이다. 고통 때문에 기뻐하는 것이 아니라, 고통에도 불구하고 의미 있고 행복하고 자긍심이 있는 삶이 가능하다는 사실을 발견하며 감사하는 것이다. 고통에도 불구하고 기뻐하는 법을 배우고 있지만, 장애는 여전히 불편하고 낯설다. 그래서 "그들의 눈에서 모든 눈물을 닦아 주실 것이니, 다시는 죽음이 없고, 슬픔도 울부짖음도 고통도 없을"(요한계시록 21:4, 새번역) 마지막 때를 소망하며 사는 것이다.

　나이를 먹으며 장애로 인해 감사하게 되는 한 가지가 또 있다. 장애나 고통은 남의 고통에 공감하는 감수성을 갖게 해준다. 세상에 존재하는 많은 차별에 눈뜨고 내가 겪지 않은 일을 헤아려 보게 만드는 창문이 된다. 그런 의미에서 장애를 가진 인생은 복된 삶이기도 하다. 우는 사람과 함께 울고, 즐거워하는 사람과 함께 즐거워할 수 있는 삶

　김종호

이야말로 충만하고 풍요로운 삶 아니겠는가. 또한 이 책을 통해 나누는 내용도 장애가 없었다면 펼쳐 보일 수 없었을 나만의 이야기다. 이런 스토리를 갖게 된 것도 나름 의미 있는 일이다. 아니면 삶이 얼마나 밋밋했을까 싶다. 어떤 면에서는 장애가 신체 기능의 일부를 상실하는 것인 동시에, 뭔가를 얻어 균형을 맞추는 '공평한 경험'으로 연결되기도 한다. 그런 의미에서 하나님은 공평하신 분이다.

자전거 같은 하나님

2014년 7월 한 방송사에서 방영하는 간증 프로그램 녹화를 다녀왔다. 질문을 미리 알려 주었는데, 첫 번째가 내게 하나님은 어떤 분인지 묻는 내용이었다. 그때 적은 글을 다시 소환하며 내 이야기를 마무리하고자 한다.

하나님은 내게 자전거 같은 분이시다.
내가 어떤 목적지에 이르도록 도와주지만, 차와 달리 적극적인 참여를 요구하는 교통수단이 자전거이다. 하나님은 내가 넋 놓지 않고, 적극적으로 페달을 밟길 원하시고 사방을 살피며 판단하는 주체가 되어 나아가길 원하신다. 인생은 하나님이라는 자전거에 올라 목적지를 향해 나아가는 과정이다.

때로 오르막을 오를 때는 내던져 버리고 싶은 게 자전거다. '내가 왜 이 고생을 해야 하나' 회의가 밀려온다. 때려치우고 싶은 인생처럼 느껴질 고된 순간, 지겨운 오르막을 맞닥뜨릴 때가 있다. 그러나 참아내고 어느덧 정상에 올라 사방을 둘러보면 감개무량해진다. 잠시 후 내리막을 내달릴 때는 천하를 얻은 것 같은 상쾌함을 만끽하게 된다. 하나님과 함께하는 인생이라고 해서 오르막이 면제되지는 않는다. 고단함을 다 겪지만, 그 끝에 말할 수 없는 보람이 기다리고 있다.

나는 자전거를 탈 때 자유를 느낀다. 내 다리의 장애를 가장 덜 느끼는 순간이다. 나는 뛸 때 장애를 가장 선명하게 느끼고, 걸을 때도 조금 느낀다. 그러나 자전거를 탈 때는 잊게 된다. 꽉 막힌 차들 사이로 시원하게 내달릴 때 느끼는 상쾌함과 자유는 경험해 본 사람만 알 것이다. 하나님 안에서 내가 느끼는 자유가 바로 이런 느낌이다. 나로 사슴과 같이 달리게 하신다. 자전거 같은 하나님. 바로 내가 사랑하는 하나님이다.

김종호

어릴 적 엄마의 염려는 '이 아이가 커서 사람 구실이나 할 수 있을까'였다. 지금 나는 약함 가운데서도 기쁨을 경험하고 제약 가운데서도 자유를 경험하며, 약함을 받아들이는 것을 넘어 기뻐하는 삶을 배우고 있다. 이 정도면 되었다고 생각한다. 하늘에 계신 엄마도 이제는 안심하셔도 되겠다.

인생은 하나님이라는 자전거에 올라
목적지를 향해 나아가는 과정이다.

감당할 시험밖에는 없나니

───── 사람이 감당할 시험밖에는 너희가 당한 것이 없나니
오직 하나님은 미쁘사
너희가 감당하지 못할 시험당함을 허락하지 아니하시고
시험당할 즈음에 또한 피할 길을 내사
너희로 능히 감당하게 하시느니라.

고린도전서 10:13

최현영

하나님께서 보내 주시고 만나게 하신 길벗들과 함께 하나님 나라를 일구어 가고
있다. 평범한 하루하루의 일상을 성실함으로 살아 내며, 펜으로 글 쓰는 것을 좋
아하고 커피는 핸드드립을 고집하는 목사다. 서울장신대와 호남신대 신학대학원,
장신대 교육대학원에서 공부했으며, 현재 하남시 덕풍교회 예배공동체의 한 자리
를 우직하게 지키며 살고 있다.

살아가다 보면 예상하지 못한 일을 만날 때가 많다. 예상하지 못한 일이 기쁨과 즐거움일 수도 있고, 고난과 고통일 수도 있다.

예상치 못한 기쁨과 즐거움을 만날 때는 슬며시 입꼬리가 올라간다. 누군가에게 이 기쁜 소식을 알리고 싶은 욕구가 밀려온다. 그러나 바라지 않는 고통, 고난을 겪게 될 때면, 마음이 무너지고 괴로운 시간을 보내게 된다. 그럴 땐 사람들과의 만남조차 두렵고 힘이 든다.

왜 우리에게 이런 일이 일어났을까?

신학교 3학년 때 아내를 만나 5년여의 연애 끝에 결혼하여 가정을 이루었다. 신혼 기간 동안 자연스럽게 2세 계획도 세웠다. 1999년 5월에 결혼을 했고, 그해 12월에 아내가 임신을 했다. 부부가 같이 분만실에 들어갈 수 있는 병원을 알아보았고, 마침 그런 산부인과가 집 근처에 있었다.

2000년 8월 29일, 내가 집에 있는 동안 아내의 진통이 시작되었고 이슬이 비쳐서 함께 산부인과로 걸어가 진료실로 올라갔다. 세 시간의 산통 끝에 갓 태어난 아이의 탯줄을 자르고 아이를 안았다. 가장 먼저 시선이 간 곳은 손가락과 발가락이었다. 양쪽 모두 손가락 발가락이 다섯 개

최헌영

씩, 온전한 모습의 건강한 아이였다. 아이의 이름은 예진. 친할아버지가 지어 주셨다.

　반지하 전셋집이었지만 예진이와 함께하는 세 가족의 하루하루는 그저 행복했다. 그런데 예진이가 태어나고 한 달쯤 지났을 때, 얼굴이 노랗게 변하면서 밤새 심하게 울었다. 아침 일찍 가까운 소아과로 데려가니 의사는 큰 병원으로 가보는 것이 좋겠다고 했다. 하남에서 버스를 타고 갈 수 있는 큰 병원을 찾아보다가 지금은 폐원한 구의동의 방지거병원을 소개받았다.

　방지거병원에서는 예진이의 황달 수치가 좀 높으니 입원 치료를 받아야 한다고 했다. 예진이를 인큐베이터에 들여놓고 아내와 같이 병원을 나오면서 많이 울었다. 모유 수유 중이었는데 수유도 못 하고, 갓 태어난 아이를 떼어 놓고 오려니 발이 떨어지지 않았다. 면회는 하루 한 번만 가능했다. 다행히도 황달 수치는 차츰 좋아졌다. 그런데 열이 떨어지지 않는다고, 얼마간 더 지켜보자며 퇴원 이야기는 꺼내지 않았다. 며칠이 더 지나서야 퇴원했다.

　집에 온 예진이는 며칠간 잘 지내는 듯했다. 그러던 어느 날 아침, 예진이 왼쪽 얼굴이 좀 부어 보였다. 동네 소아과에 갔더니 볼거리 같다면서 약을 처방했다. 그런데 약을 먹여도 가라앉지 않고 오히려 얼굴이 더 부어 갔다. 급한 마음에 동네 피시방에 가서 검색을 하고 삼성서울병원 소아외과에 진료예약을 했다. 삼성서울병원이 3차 진료기관이라서 바로 진료는 못 하고 한 달 뒤로 일정이 잡혔다. 하지만 날이 지날수록 왼쪽 얼굴이 더 붓는 게 아닌가. 부모로서 할 수 있는 것은 기도밖에 없었다.

"하나님, 왜 이런 고통을 우리 예진이에게 주시는 건가요?"

아무 대답도 들을 수 없었다. 기도하는 시간 자체가 위로가 될 뿐이었다.

한 달 후 진료일이 되어 의사를 만났다. 정확한 상태를 확인하기 위해 검사가 필요하다고 했다. 채혈, CT, MRI, 핵방사능 검사 등 익히 알고 있던 항목부터 처음 듣는 검사까지 반년 동안 검사는 이어졌다. 그동안에도 예진이의 볼은 점점 부어 갔다.

'이 병원은 대체 의사 진료를 언제 받게 하는 거지?'

답답하고 속상한 날들이 이어졌다. 6개월에 걸쳐 모든 검사가 끝나고, 마침내 소아외과 담당의를 만났다. 의사는 모든 검사 결과를 종합해서 이렇게 말했다.

"예진이의 병명은 혈관기형이 동반된 혈관종입니다."

다시 말해, 혈관에 종양이 있다는 얘기였다. 안과와 혈관외과의 협진이 필요하다는 얘기도 덧붙였다. 불안감과 두려움이 몰려왔다.

'혹시 예진이가 잘못되면 어쩌지?'

돌 지난 아이의 항암주사

시간이 흘러 혈관외과 담당의를 처음 만나는 날이 되었다. 진료실에 앉자마자 혈관외과 의사가 하는 말이 우리 부부의 마음을 헤집어 놓았다. 같이 아파하는 긍휼의 마음은 눈꼽만치도 느껴지지 않는, 너무나 차갑고 건조한 음성으로 무심하게 내뱉던 말.

"예진이는 앞으로 왼쪽 눈은 보지 못할 수도 있겠네요. 종양이 왼쪽 시신경을 치고 올라가서 시력이 아예 안 나올 수 있겠어요."

'예진이가 왼쪽 눈으로는 보지 못한 채 살아가야 한다고…?'

진료실 문을 나서는 순간 아내와 나는 속절없이 무너져 내리는 가슴을 부여잡고 하염없이 울었다.

'하나님, 어떻게 해야 합니까? 예진이가 앞을 보지 못한답니다.'

그때 마음속에서 떠오른 말씀 한 구절이 있었다.

> … 오직 하나님은 미쁘사
> 너희가 감당하지 못할 시험당함을
> 허락하지 아니하시고
> 시험당할 즈음에 피할 길을 내사
> 너희로 능히 감당하게 하시느니라.
>
> (고린도전서 10:13)

이 말씀이 마음을 채우자 '피할 길을 내시는 하나님을 의지하고 신뢰합니다. 예진이의 아픔 속에 함께하여 주시옵소서'라는 간절한 고백이 절로 나왔다.

그로부터 한 달 후 소아외과 의사를 만나러 갔다. 의사는 모든 검사 결과와 함께, 협진 의사들과 조율한 치료 방법을 이야기했다.

"지금 예진이를 치료할 수 있는 최선의 방법은 인터페론이라는 항암주사제를 사용하는 것입니다."

'이제 첫돌 지난 아이에게 항암주사제를 놓아야 한다니….'

우리에겐 다른 선택지가 없었다. 주사제에 대한 예진이

의 예후 반응을 보기 위해 일단 한 달 후로 입원 날짜를 잡고 병원에서 치료를 시작하자고 덧붙였다. 예진이가 입원할 때는 엄마가 같이 있어야 한다고도 했다.

입원을 하는 이유는 두 가지였다. 하나는 항암주사제 가운데 하나인 인터페론에 대한 반응을 보기 위함이고, 다른 하나는 예진이에게 주사 놓는 것을 엄마가 배워야 하기 때문이었다. 예진이는 병원에서 아침과 저녁, 하루 두 번 주사를 맞았다. 한 번만 간호사가 놓고 그다음부터는 아내가 주사를 놓았다. 양쪽 팔과 양쪽 다리를 교차하면서 주사를 놓는데, 주사를 맞을 때마다 예진이는 자지러지게 울었다. 그렇게 엄마에게 항암주사를 맞는 긴 아픔의 시간이 시작되었다.

예진이가 그렇게 투병하던 2001년, 나는 교육전도사로 사역하면서 사례비로 40만 원을 받았다. 보잘것없었지만 우리 세 가족이 먹고사는 데는 부족함이 없었다. 하지만 병원비를 감당하기에는 버거울 수밖에 없었다. 아내는 어떤 내색도 하지 않았다. 그때 정말 아내에게 많이 미안했다.

그런데 하나님께서 채우시는 방법은 정말 놀라웠다. 매달 병원비만 60만 원 정도 고정적으로 들어갔는데, 카드 결제 후 통장에서 출금이 되는 월말에는 부족함 없이 채워 주셨다. 예진이가 삼성서울병원을 다닐 당시 나는 신학대학원 3학년 재학 중이었다. 그때 과대표였던 친구가 예진이 이야기를 원우들과 나누어도 되겠느냐고 물었다. 그 마음이 너무 감사해서 '기도해 주면 고맙지' 했다. 경건회 시간에 예진이의 소식이 전해졌고 모든 원우가 간절하게 예진이를 위해 기도해 주었다. 마침 그때가 학교 축제 기간이었는데, 지금은 남원에서 목회를 하는 한 원우는 축제 중 볼링 대회에 나가면서 꼭 1등 하게 해달라고 기도했다고 한다. 그래야 예진이 병원비를 보탤 수 있다면서. 결국 그 형님이 1등을 하고 받은 상금 전액을 예진이를 위해 보내 주었다. 그리고 신대원 원우들이 십시일반 사랑을 나누어 주어서 두 달 정도 병원비를 감당했다.

간섭하시는 손길을 느끼다

병원에서 퇴원하고 매일 두 차례씩 주사를 맞던 2주 후, 다시 주치의를 만나러 갔다.

"인터페론이 예진이에게 잘 맞는 것 같습니다. 계속 인터페론으로 치료를 하겠습니다."

인터페론은 정말 예진이의 종양 치료에 큰 효과가 있었다. 우리가 보기에도 왼쪽 볼의 종양 크기가 조금씩 줄어

최헌영

들고 있었다. 하지만 매일 두 번씩 주사를 맞는 예진이의 모습이 너무 안쓰러웠다. 내가 예진이를 꼭 붙잡으면 아내가 주사를 놓았다. 작고 여린 몸에 매일 주삿바늘을 꽂아야 하는 현실이 너무 마음이 아파 나는 예진이 몸에 주삿바늘을 꽂지 못했다.

인터페론은 한 달에 한 번씩 처방받았다. 그래서 한 달에 한 번은 병원에 가서 담당의를 만나야 했다. 차를 소유할 형편도 아니어서 대중교통을 이용해 병원을 다녀야 했다. 그 이야기를 들으신 장인어른이 아침 일찍 집으로 오셔서 병원을 오갈 때마다 우리 가족의 발이 되어 주셨다.

예진이는 그렇게 석 달을 매일 아침저녁으로 주사를 맞았다. 그리고 정해진 날짜에 MRI를 찍은 후 주치의를 만났다.

"종양 크기가 많이 줄었네요. 이제부터는 주사를 하루에 한 번만 맞겠습니다."

그동안 많이 아팠을 텐데 잘 버텨 준 예진이에게, 그리고 매일 악역을 담당하면서 주사를 놓은 아내에게 미안하고 고마웠다. 그때부터 예진이는 하루에 한 번씩 주사를 맞았다. 그리고 6개월이 지난 뒤 MRI를 찍고 나서 일주일 후에 의사를 만났다.

"이제 인터페론 주사는 그만 맞아도 되겠어요. 종양 크기가 많이 줄었습니다. 얼굴이 아직 비대칭인 이유는 갑작스럽게 종양이 커져서 피부가 늘어났기 때문입니다. 집에서 잘 관찰하면서 두 달에 한 번씩 진료를 보겠습니다."

집에서 주사를 안 맞아도 되는, 안 놓아도 되는 그 기쁨은 말로 표현할 수가 없었다.

그렇게 2년 넘는 시간이 지난 어느 날, 식탁에 둘러앉아 아침밥을 먹는데 예진이가 말했다.

"엄마 아빠, 나 어젯밤 꿈에 하나님이 얼굴 고쳐 주신다고 했어요."

이 말을 듣는 순간 소름이 돋으면서 밥 먹던 숟가락을 내려놓고 다시 물었다.

"예진아, 지금 뭐라고 했어…?"

"응, 하나님이 나 고쳐 주신다고 했어요."

"그래그래. 우리 예진이 얼굴, 하나님이 고쳐 주실 거야."

답을 하고 보니 예진이의 말이 그냥 지나치기에는 너무 큰 울림으로 다가왔다.

'정말 하나님께서 예진이의 순수한 기도를 들어 주셨을까? 아이가 그냥 하는 말 아닐까?'

최헌영

그 일이 있고 나서 며칠 후 병원을 가는 날이 되었다. MRI를 가만히 들여다보던 주치의가 놀라운 말을 했다.

"어? 예진이 혈관에 종양 조직이 하나도 없는데요! 이제 는 다 나았다고 보면 됩니다."

"감사합니다! 그동안 성심을 다해 진료해 주셔서 정말 감사합니다!"

진료실을 나오는 순간, 지난 2년여의 시간이 한 컷 한 컷 지나갔다.

다시, 피할 길을 내사 능히 감당하게

지금까지 하나님은 은밀하게 그리고 세밀하게 우리 가정 안에서 일하고 계셨다. 예진이의 작은 신음에도 하나님은 외면하지 않으시고 또렷하게 말씀하셨다. 예진이가 태어 나고 2년여 아픔의 시간을 보내는 동안, 주변의 많은 분께 기도의 빚을 졌다. 자기 일처럼 같이 아파해 주고, 함께 기 도의 손을 모아 주셨다. 이 지면을 빌려 다시금 깊은 감사 를 드린다.

예진이의 아픔이 지나간 후, 아이가 아픈 가정의 이야기 를 들으면 많은 공감과 긍휼의 마음이 솟는다. 그 가정의 아픔과 부모의 마음을 자연스레 헤아릴 수 있게 되어서일까. 그렇게 예진이는 혈관종양의 아픔에서 치유받고 지금은 대학생이 되어 잘 지내고 있다. 20여 년의 시간 동안 예진이는 정말 예쁜 딸로 성장을 했다.

그런데!! 사람의 일이라 하는 게… 참… 그렇다.

2021년 5월, 예진이가 근래 들어 살이 갑자기 많이 빠지고 피곤해했다. 아내가 동네 내과에 가서 진료를 받고 초음파검사를 하고 오라고 했다. 검진 후 병원에서 전화가 왔다.

"초음파검사를 하고 결과를 보는데 갑상선에 혹이 있네요. 진료의뢰서를 써두었으니 서울아산병원에 가서 다시 검진을 받으세요."

며칠 후 아내와 함께 예진이를 데리고 서울아산병원에 다녀왔다. 동네 병원에서 복사해 온 초음파 사진을 자세히 보더니 혹이 기도 쪽으로 붙어 있다고 했다. 사이즈는 0.5 센티미터쯤 된다고. 연령대가 40-50대이면 지켜보자고 권유하는데, 예진이는 20대 초반이니 조직검사를 해보자고 했다.

종합병원이라 조직검사 날짜는 두 달 뒤로 잡혔다. 7월 23일 조직검사를 했고, 2주 후 8월 11일, 결과를 보러 아내가 예진이와 동행했다. 그 시각 교회 사무실에서 일을

최헌영

보고 있는데 아내에게서 전화가 왔다.

"예진이 암이래, 갑상선암. 진료실 안에서는 담담하더니 나와서 펑펑 울고 있네. 일단 끊을게요."

담당의는 '갑상선암은 보통 3-4년은 지켜보는데, 위치가 기도 바로 옆이라 수술 일정을 빨리 잡겠다'고 했단다. 암세포는 길이가 1.5센티미터, 폭이 0.8센티미터. 내분비외과에서 수술을 해야 한다면서 담당의는 수술할 의사의 일정을 잡아 알려 주었다. 그러면서 말미에 예진이는 특별한 경우라고, 이렇게 환자가 빨리 인지하고 와서 조직검사하고 발견되는 경우가 드문 일인데 신속히 잘 왔다고 얘기하더란다.

다행이다. 그리고 감사했다. 빨리 발견되어서! 수술받을 수 있어서!

간호사는 진료비 수납을 하기 전에 원무과에 가서 '중증환자 등록'을 하라고 했다. 예진이가 조직검사 결과 암으로 판정되어 중증질환자 산정특례 대상자라는 것이었다. 산정특례 대상자는 암으로 판정되는 날부터 5년 동안 진료비 중 본인 부담률이 5퍼센트라고 친절하고 자세하게 알려 주었다.

앞으로 검사, 수술, 그리고 회복 과정이 남아 있다. 20년 전 혈관종양의 아픔을 겪는 중에도 하나님은 세밀하게 간섭하셨다. 이제 예진이의 갑상선암 치료 과정 속에서 하나님은 동일하게 간섭하고 일하실 것이다. 하나님의 주권과 섭리 안에서 우리가 살아가는 시간들이 있음을 믿는다.

시험당할 즈음에 또한 피할 길을 내사
너희로 능히 감당하게 하시느니라.

최헌영

2부
우리 가운데 거하시니

내가 너를 기뻐하노라

———— 하늘로부터 소리가 나기를
"너는 내 사랑하는 아들이라.
내가 너를 기뻐하노라" 하시니라.

(마가복음 1:11)

김기현

이사야 50장 4절의 학자이자 제자, 작가이자 목사로서 말과 글로 주님과 교회와 이웃을 섬기는 비전을 품고 로고스교회 담임목사, 로고스서원 대표로 일하고 있다. 한국외대와 침신대 대학원에서 공부했으며, 〈매일성경〉 집필자, 코스타 강사로도 활동하고 있다. 《글 쓰는 그리스도인》《성경 독서법》《하박국, 고통을 노래하다》《부전 자전 고전》《곤고한 날에는 생각하라》 등 다수의 책을 썼다.

"내게는 죽이도록 미운 당신이 있었고, 죽이도록 미웠던 내가 있었다"로 시작되는 책, 내가 피를 찍어 쓴《하박국, 고통을 노래하다》는 사망의 음침한 골짜기를 통과하는 내 고난의 연대기이다. 당시 그 이야기를 글로 쓴다는 것, 누군가에게 읽히기 위해 쓴다는 것도 내게는 아픔이었다. 할 수만 있다면 지우개로 깨끗하게 지워 잊을 수 있으면 좋으련만, 예전의 일들—예전이 아니라 옛날이라고 쓰고 싶을 만큼 참담했고 비루했던 그때 그 일들—을 다시금 떠올리는 것은 내겐 악몽이다.

사실, 그때 일은 최장 5년이었고, 마지막 시점으로부터 세 배나 되는 15년이 훌쩍 지났다. 아득하기만 한 그 일을 이곳저곳에서 말했고, 글로 썼고, 외부 수련회나 사경회에서도 하도 외쳤기에 이제는 자제하는 편이다. '내 인생의 한 구절'을 써달라는 원고 청탁은 나를 그때 그 자리로 다시 불러 세웠다. 책을 쓸 때도 그랬지만 괜히 나는 슬퍼졌고 우울해졌다. 그냥 눈물이 난다. 전에는 너무 힘들고 억울하고 화가 나서 눈물이 흘렀다면, 여전히 그 정서도 살아 있지만, 이제는 감사해서, 좋아서, 미칠 정도로 행복해서 운다.

한번은 어느 대형교회에서 강의할 일이 있었다. 오전 강

김기현

의를 마치고 담임목사님과 식사를 하며 대화를 나누었다. 이런저런 대화 중에 자비량으로 가정집 교회를 하며, 책 쓰고 강의하는 내 근황을 신나게 들려주었다. (그때는 그랬지만, 지금은 자비량도 아니고 가정집 교회도 아니다.) 어쨌든 그분 왈, "목사님, 정말 행복해 보입니다" 하신다.

"네. 정말 미치도록 행복합니다."

내 대답에 그 목사님은 어두운 낯빛으로 말씀하신다.

"저는 행복한 척하며 삽니다."

그럼 나는 그 지옥 같은 시기를 어떻게 지나왔을까? 그전에 한 가지 주의할 것이 있다. 고난은 이기는 것이 아니라 견디는 것, 버티는 것이라는 사실이다. 고난을 이기려고 하면, 내가 부서진다. 백전백패다. 승산 없는 전투 방식을 고수할 이유가 없다. 그냥 욕이 나오고, 눈물이 흐르는 것을 "참고 참고 또 참지 울긴 왜 울어"라는 캔디 정신으로 이 악물고 견디다 보니 어느 날, 그 일이, 그날 일이 옛날이 되어 있는 거다.

내 인생의 한 구절을 소개하면서 너무 먼 길을 돌고 있다. 한 가지 더 말할 게 있다. 그 고통의 시간 속에 '하나님의 은혜' '가족의 지지' '두 책'이 있어 지금의 내가 있다. 여기서 두 책이라 함은 '성서와 독서'이다. 성서를 묵상하고, 책을 탐독했고, 이는 내게 견디는 힘을 주었다. 내 안에 하나님의 말씀이 채워지고, 뛰어난 생각과 삶을 살았던 이들의 글이 나를 단단하게 해주었다. 그래서 '책을 읽다가 책을 쓰게 되었고, 인생을 다시 쓰게 되었다.' 책이 없었다면 어떻게 살았을까. 책이 없었으면 지금의 내가 있을까.

그때 그 무리들

〈매일성경〉으로 매일 성경을 묵상하던 어느 날이었다. 그때가 언제인지 특정할 수 없는 어느 날, 마가복음을 읽다가 펑펑 울었다. 좋아서 울고, 서러워서 울고. 마치 엄마 잃고 헤매다가 다시 만난 꼬마가 엄마 품에 안겨 우는 꼴이었다. 엄마가 미워서, 엄마가 좋아서. 나는 내 감정을 표현할 때 양가적이다. 심리학자들이 내 정서를 깔끔하게 설명해 주겠지만, 왜 그런지 모르겠지만, 하여튼 나는 그랬다.

마가복음 1장 11절이다.

> 하늘로부터 소리가 나기를
> "너는 내 사랑하는 아들이라.
> 내가 너를 기뻐하노라" 하시니라.

김기현

왜 성서의 그 많고많은 구절 중에 하필이면 이 말씀이 나를 울리고 내 인생의 한 구절이 되었을까? 이유를 대자면, 당시 내 상황을 말하지 않으면 안 된다. 정말이지 다시 떠올리기 싫은 그 이야기를 해야 하나? 돌아보면 별일 아니었는데, 악몽이니 지옥이니 과장할 만한 일도 아니고, 누구나 겪는 일의 김기현 버전일 뿐이고, 다른 이들은 벌어진 입을 다물 수 없을 만큼 힘든 고난이라서 나는 명함도 못 내밀 정도의 일인데, 그것을 말한다는 것도 객쩍다.

본회퍼의 《성도의 공동생활》은 내가 이런 이야기를 할 때마다 등에처럼 귀찮게 달라붙어 제동을 걸곤 한다. 목사는 교인들 흉을 보면 안 된다는 것이다.

> 목회자는 자기 교회에 대해 불평해서는 안 되며, 무엇보다도 사람 앞에서나 하나님 앞에서 불평을 늘어놓아서는 더더욱 안 됩니다. 그에게 하나님의 교회를 맡기신 것은 하나님과 사람 앞에서 교회를 고발하기 위해서가 아닙니다. (《성도의 공동생활》, 복있는사람, 42-43쪽)

그런데 지금 나는 불평하고 고발하고 있다. 하지만 그 이야기를 하지 않으면, 그 이야기가 없다면, 단언하건대 지금의 나는 없다.

교회와 목사에게 불만이 있던 교인들 몇몇이 교회를 시작하면서 나를 초청했다. 같이 개척하자고. 나는 그들이 개혁적이라고 생각했다. '기존 교회랑은 다른 교회를 할 수 있겠구나' '헌금을 교회 내부를 위해서도 사용하겠지만, 구제와 선교를 많이 할 수 있겠구나' '성경도 많이 가르칠 수 있겠구나' 생각하며 의욕 충만해서 참여했다.

이것이 헛꿈이고 개꿈이라는 것을 확인하는 데는 그리 긴 시간이 걸리지 않았다. 그들은 그냥 생각이 달라서 싸웠고 주도권 쟁탈전을 벌였던 것이지, 개혁과는 거리가 멀었다. 그들은 내가 하려는 일과 이전 목사의 그것을 오버랩해서 읽었는지도 모른다. 예를 들어 선교하자고 하면, 목사 이름 내려고 하냐며 반대했으니까.

예배당 앞 여자고등학교 아이들에게 장학금을 주자고 회의할 때 몇 번을 이야기해도 꿈쩍하지 않았다. 그런데 이게 웬일인가. 이태가 지났을까, 내 제안에 동의한다. 감사하다는 말이 발화하기도 전에, 교회 밖의 아이들에게 하지 말고 교회 안의 아이들에게 하잔다. 그다음 말이 가관이다. 부모가 안 다니는 학생들 말고, 부모가 다니는 아이

김기현

들에게 주잔다. 쪽수에 밀리니 그들 뜻대로 결정되었다. 기가 찼다.

3년이 지난 신년 초, '신정 대공세'가 시작되었다. 자기들끼리 나를 두고 신임투표를 했다. 결과는 70퍼센트가 반대, 20퍼센트는 지지, 10퍼센트는 중립이다. 반대한 사람들 말을 들어보면, 교회가 시끄러운데 목사가 나가는 게 좋겠다는 것이다. 그 누구도 목사가 잘못했다고, 싫다고 말하는 교인이 없다. 단 한 사람 빼고 말이다. 그리고 모두가 안다. 우리 교회의 문제는 목사가 아니라 집사 한 명이라는 것을. 그들의 논리는 이랬다.

"집사는 집사 편 들어야잖아요."

담임목회 시작한 지 얼마 안 돼서부터 사임 압력이 있었다. 하지만 그때부터는 파상공세의 연속이었다. 목사는 우리가 낸 헌금으로 먹고사니까 교인 말 잘 들으라는 말을 기도회 시간에 아무렇지도 않은 표정으로 건넨다. 그뿐인가. 우리가 헌금을 안 하면 목사가 알아서 나갈 거라며 헌금을 안 하고, 십일조는 내 돈이니까 그동안 낸 헌금을 돌려 달라며 제직회에서 당당히 안건을 올린다. 표정을 보니 모두 입을 맞추고 왔다.

참으로 희한하다. 자기를 인질로 삼은 범인의 감정과 논리에 동조하는 심리적 현상을 가리키는 스톡홀름 증후군(Stockholm syndrome)이 내게 드러났다. 처음에는 화를 냈는데, 차차 내 잘못이라고 내 탓을 했으니까 말이다. 그들이 옳다고 서서히 인정하기 시작했다. 나 때문에 교회가 어렵고 시끄러운 난장판이니 내가 없어지면 문제가 해결되지 않겠는가 싶었다.

사면초가의 나는 정체성을 잃어 갔고 무너져 내렸다. '지금의 나는 원래의 내가 아니다, 저들이 말하는 나는 진짜 내가 아니다'라는 심리적 방어선이 서서히 허물어졌다. '만인에 대한 만인의 적인 내가, 욕먹는 내가 진짜 내 모습이구나'라는 자의식으로 넘어가더니, 급기야 내가 없어졌다. 내가 누구인지 헷갈렸고, 모르게 되었다. 내가 없으니 살고 죽는 것이 무섭지 않았다.

내가 있어야, 나라는 주체가 있어야 삶이 있는 건데, 나라는 아이덴티티를 상실한 상황에서 삶과 죽음의 경계가 모호하고 마침내는 사라져 버렸으니 죽는 게 대수랴. 그때 자살을 생각했고, 시간이 지나 이를 신학적으로 성찰해 본 결과물이 《자살은 죄인가요?》이다. 그들은 자신들의 장대 위에 나를 매달았다.

김기현

아빠, 저예요 저!

그런 내게 하나님이 말씀하셨다.

"너는 내 사랑하는 아들이란다."

나는 내가 사랑받기 위해 태어났다는 것을 잊어버렸다. 나는 태어나면 안 될 사람이었으니까. 나 하나 때문에 교회가 이 꼴인데, 교인들 대다수로부터 거부당하는 나 같은 사람이 사랑받아 마땅한 아들이라고? 믿지 않으면 안 되었다. 믿지 않으면 죽는 길밖에 없었다. 믿고 싶었다. 믿어야 했다. 믿어졌다. 믿었다. 나는 누가 뭐래도 하나님이 사랑하는 아들이다! 그러니 너희들 까불지 마~.

그러니까 이 땅의 모든 사람이 나를 반대해도 적어도 단 한 분, 하나님이신 그분만은 나를 사랑하신다. 사랑하는 정도가 지나쳐서 십자가에서 죽으실 정도로 사랑하고 사랑하신다. 그때 내 귀에 "기현아, 다른 사람들이 다 너를 오해하고 미워하고 반대해도, 나는 너만을 젤 사랑한대이, 내 니 좋아한다 아이가, 알제~"라는 경상도 사투리로 말씀하시는 주님의 음성이 들렸지 싶다. 얼마나 좋던지, 중년의 사내가 펑펑 울었다.

마가복음에서 "사랑하는 아들"이라는 말은 매우 중요한 핵심 단어다. 마가복음을 처음부터 끝까지 읽은 이에게 물어본다고 가정해 보자.

"그게 무슨 얘기야?"

"응, 예수 이야기야."

"예수가 누군데?"

뭐라고 대답해야 마가복음을 제대로 읽은 건가? 마가복음 1장 1절과 내 인생의 한 구절인 1장 11절, 그리고 마가복음 한복판에 나오는 베드로의 고백인 8장 29절("주는 그리스도시니이다"), 변화산 위에서 다시 들린 하나님의 음성을 기록한 9장 7절("이는 내 사랑하는 아들이니 너희는 그의 말을 들으라"), 마지막으로 이방인 백부장이 십자가에서 죽으시는 예수를 보고 십자가 아래에서 중얼거린다. 이분은 참으로 하나님의 아들이시구나(15:39).

'예수는 하나님의 아들'이시고, '사랑받는 아들'이라는 것이 마가복음이 말하는 복음의 요체인 거다. 마가복음은 말한다. 너도 예수님처럼 하나님이 사랑하는 아들이란다. 그래서 나도 주님께 고백했다.

"주님, 정말정말 감사합니다. 나도 주님이 진짜로 좋아요."

그날 이후 얼마 동안 나의 애창곡은 〈예수님이 좋은 걸 어떡합니까〉였다.

김기현

내가 아주 좋아하는 저자와 그의 책이 하나 있다. 브레넌 매닝의 《아바의 자녀》이다. 서평을 의뢰받고 그 책을 읽었다. 매닝은 이 책에서 거짓된 자아, 위장된 자아로 도피하는 현대인의 심리를 낱낱이 파헤치며, 참된 자아로 돌아오라고 호소한다. 그가 말하는 진정한 자아는 하나님에게 사랑받는 자아이다. 왜 우리는 하나님에게 사랑받는가? 사랑받을 만한 것이 있는가? 왜 하나님은 우리를 사랑하시는가? 우리는 아바의 자녀이다.

다음 인용문은 당시 내가 쓴 서평의 맨 마지막 문단이다.

> 누군가 내가 누구냐고 묻는다면, 무엇보다도 목사라고 대답했었다. 하긴, 아직도 그렇다. 그러나 그것은 역할이지 정체가 아니다. 내가 하는 일이지 나 자신이 아니다. 하나님과의 관계가 나의 본질을 규정한다. 아바의 자녀이기에 목사이다. 마지막 날에 많은 사람이 심판대 앞에서 자신이 한 일, 곧 선지자 노릇을 한 신분, 귀신을 축출하고 기이한 기적을 일으킨 사역을 말할 것이다. 그것은 모래 위의 집에 지나지 않는다. 불에 타게 될 허망한 것들을 줄줄이 나열한들, 심판을 피할 방도는 없다. 자신이 한 일

로 하나님 앞에서 의를 주장할 사람은 아무도 없다. 우리가 만약 아바의 자녀라는 분명한 자아상을 확립하고 있다면, 그분 앞에서 자신이 한 일을 말하지 않고, 자신이 누구인지를 말할 것이다. "아버지, 저예요, 저!"(《공감적 책읽기》, SFC출판부, 36쪽)

하나님이 말씀하시던 그날, 내가 부족해도, 내가 잘못해도 나를 향한 당신의 사랑을 절대로 거두시지 않는 신실한 아빠 하나님을 만났다. 내 모습 그대로 사랑하는 나의 하나님에게 나는 아들이고, 그분은 내게 아빠이다. 와우, 굉장하다!

그런데 저 구절에서 상반절보다 "내가 너를 기뻐하노라"라는 하반절이 더 감동이었다. 2015년께의 〈매일성경〉에 투고했던 글의 일부가 그날의 그 은혜를 잘 정리했기에 그대로 옮긴다.

하나님의 모습이 연상되었다. 나의 등 뒤에서 실실 쪼개시는 하나님 말이다. "너, 힘들지? 나, 안다. 그런데 어쩌지. 이 고난 통해 네가 연단되어 바뀔 모습을 생각만 해도 나는 웃음이 나온다. 네가 고난

김기현

통과한 지점에서 네가 될 모습을 생각만 해도 웃음을 주체할 수 없구나. 너는 힘든데, 나는 웃어서 미안하다. 그러나 언젠가는 반드시 너도 기뻐할 날 올 거다. 웃을 거야. 내가 그렇게 할 거다. 그렇게 안 돼도 상관없다. 너는 내 아들이니까. 하여간에, 나는 너만 보면 좋다, 내 아들~." 나도 말씀드렸다. 아기처럼, 눈물을 질질 짜면서 말이다. "나도 하나님이 참 좋아요! 엉엉."

이것은 사람의 말이 아니라 하늘의 소리였다. 그러고 보면 내 안에는 두 개의 말이 항시 싸우고 있었다. '사람의 말' 대 '하늘의 소리'! 만약 사람의 말이 내 안에서 이겼다면, 장담하건대 나는 살아 있지 못했을 것이다. 나는 버텼고, 말씀이 이겼다. 단번에, 한 번에 승리한 것은 분명 아니다. 나는 날마다 피 흘렸고, 패배하기 일쑤였다. 점차 말씀이 움직였고, 내 삶 속에서 작동했다. 그리고 사람의 말들을 내 안에서 밀어냈다. 그 말씀이 나를 장악했고 지배했다. 그렇다. 하늘의 소리가 이겼다. 하나님의 말씀은 살아 있다. 그리고 나는 살았다.

조금씩 아주 조금씩

종종 그때 그 은혜를 생각하며 스스로 시니컬하게 묻는다.

'그래서 뭐? 그래서 뭐 바뀐 것 있어?'

내가 왜 나를 괴롭히는 질문을 할까? 아직도 나는 하나님의 사랑에 굶주렸고, 타인을 하나님이 사랑하는 사람으로 인정하고 존중하고 사랑하는 일이 여전히 힘들고, 앞으로도 계속 힘들 테니까. 참 어렵다, 그 사랑이란. 받는 것은 좋은데 주는 것은 싫은. 사랑받는 자에서 사랑하는 자로의 발돋움은 성에 차지 않고 제자리걸음이고, 이따금 뒷걸음질 치고 있음을 느낀다. 그러나 아주 조금, 아주 조금은 이전보다 나아지지 않았을까? 그런 것 같고, 그랬으면 좋겠다.

어쩌면 내가 저 구절에서 후반부가 더 좋았던 것도 이 때문이지 않을까? 사랑받는 자에서 사랑하는 자로의 전진은 자신 없어도, 기쁨을 받는 자에서 기쁘게 하는 자가 되어 가고 있다는 것 말이다. 내가 문제의 원인인 양 공동의 적, 공공의 적이었던 때가 있었으나, 지금은 교회에서 사랑받고, 기쁨을 준다고 믿는다. 내가 쓴 책과 글, 나의 설교와 강의, 로고스교회와 로고스서원 식구들과 하늘 밥을 먹고, 일용할 양식을 같이 먹고 마시면서 기쁘게 산다. 사랑

김기현

받는 자에서 사랑하는 자로, 기쁨을 받는 자에서 기뻐하는
자로, 아주 조금이지만, 상당히 더디고 느리지만, 앞으로
나아가고 있다.

그래서 다시금 주께 고백한다.

"하나님, 당신은 내가 사랑하는 아빠 하나님입니다. 저
도 당신이 참 좋아요."

사랑받는 자에서 사랑하는 자로,
기쁨을 받는 자에서 기뻐하는 자로,
더디고 느리지만, 앞으로 나아가기를….

Photo by Derick McKinney on Unsplash

4원

——————— 너희가 악할지라도 좋은 것을 자식에게 줄 줄 알거든
하물며 너희 하늘 아버지께서 구하는 자에게
성령을 주시지 않겠느냐 하시니라.

(누가복음 11:13)

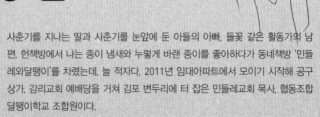

김영준

사춘기를 지나는 딸과 사춘기를 눈앞에 둔 아들의 아빠. 들꽃 같은 활동가위 남편. 헌책방에서 나는 종이 냄새와 누렇게 바랜 종이를 좋아하다가 동네책방 '민들레와달팽이'를 차렸는데, 늘 적자다. 2011년 임대아파트에서 모이기 시작해 공구상가, 감리교회 예배당을 거쳐 김포 변두리에 터 잡은 민들레교회 목사. 협동조합 달팽이학교 조합원이다.

현금자동인출기가 혀를 내밀듯 통장을 뱉었다. 통장 속지 마지막 줄엔 숫자 4가 찍혀 있었다. 하필 4라니. 죽으라는 건가.

"그래도 돈이 있어야 한다."

신학대학원에 가겠다고 했을 때, 어머니께서 하신 말씀 이다. 스물여섯 살 청년은 어머니의 말씀을 불신앙이라 단 죄했고, 고고한 믿음을 따라 신학대학원 진학을 가족들에 게 선포했으며, 공부를 마치고 이주민 사역기관 전도사를 거쳐 지역 교회의 목사가 되었다. 공부를 하고, 조직의 막 내로 일할 땐 돈에 대해 그다지 고민하지 않았다. 받는 것 으로 족했다.

목사가 된 지금, 조직을 꾸리고 작게나마 경영을 하면서 그만큼 돈을 마련하는 게 쉬운 일이 아니라는 사실을 알게 됐다. 날마다 잔고를 확인하고, 이것저것 결제하려면 며칠 이 남았고 얼마가 필요한지 계산한다. 날마다 말이다.

돈이 있어야 모임 공간을 유지할 수 있고, 손님을 접대 할 수 있고, 평화를 위해 연대할 수 있고, 철마다 커가는 아 이들 옷을 입힐 수 있고, 책을 살 수 있다. 그래서 말이다. 신학대학원 준비하는 아들에게 어머니께서 하셨던 말씀을 자주 되뇐다.

김영준

"그래도 돈이 있어야 한다."

끼니가 되고, 옷이 되고, 책이 되는 돈이 참 좋다. 어머니 말씀이 맞다.

돈은 없어도 '가오'는 있어야

있어야 할 돈이 얼마나 있는지 그렇게 절실하게 잔고를 확인하던 어느 날, 현금자동인출기가 숫자 4를 찍었고, 약 올리며 혀를 내밀듯 통장을 뱉어 냈던 것이다. 10여 명이 모여 예배하던 때다. 현금자동인출기의 혓바닥 같던 통장 속지는 연보를 관리하는 통장이었다. 다시 봐도 숫자 4는 선명했다. 4원으로는 아무것도 할 수 없다. 밥도, 옷도, 책도 살 수 없다. 손님을 대접할 수도 없다. 관리비를 낼 수도 없다. 4원은 숫자일 뿐 아무것도 아니다. 죽으라는 건가.

아닐 것이다. 잔고는 없지만, 생명이 있잖은가. 생명(生命)은 살아 있으라[生]는 명령[命]이다. 죽으라는 건 아닐 것이다. 생명 주신 이가 죽으라고 하실 리 없다. 4의 뜻을 물어야 했다.

통장 속지에 4원이 찍혀 나올 때, 현금자동인출기 앞은 하나님의 임재를 확인할 수 있는 성전 같았다. 좌우에 서 있는 다른 인출기는 날개 달린 그룹(cherubim)처럼 꼿꼿하게 서서 압박해 왔다. H은행 365일 창구는 성전에서도 거룩한 곳, 지성소, 뜻을 물으며 기도해야 할 곳 같았다.

4원이 찍혔는데 어찌 기도하지 않을 수 있겠는가. 당장 무릎 꿇고 기도해야 마땅했겠지만, 지성소는 자칫 제사장들이 죽기도 했던 곳이니, 우선 자리를 피하고 볼 일이다. 한숨을 동력 삼아 창구를 신속히 빠져나갔다. 기도도 좋지만 살고 봐야지 않은가. 죽으라는 건 아닐 것이다.

평소에도 바닥에 자리 잡고 무릎 꿇어 기도하는 경건의 모양과 어울리지 않는 목사인 까닭에 그냥 걸으며 기도했다. "우리가 돈이 없지, 가오가 없냐"던 명대사를 남긴 영화가 나오기 전이었지만, 딱 그 마음이었다. 돈은 없어도 가오는 있어서 돈 달라고 기도하진 않았다. 명색이 목사 아닌가. 치사하게 돈을 달라고 기도할 순 없었다. 사실은 돈을 달라는 거지만, 그래도 돈을 달라고 대놓고 기도할 순 없잖은가 말이다. 거룩한 것을 구했다.

"하나님, 성령을 주소서."

성령을 달라고 기도했다. 누가복음에서 읽은 예수의 말씀이 기억났기 때문이다.

구하라, 그러면 너희에게 주실 것이요,

김영준

찾으라, 그러면 찾아낼 것이요,

문을 두드리라, 그러면 너희에게 열릴 것이니…

너희 하늘 아버지께서 구하는 자에게

성령을 주시지 않겠느냐.

(누가복음 11:9-13)

예수께서 기도를 가르치실 때, 기도하며 구하고 찾아야 할 것을 '성령'(πνεῦμα)이라고 특정해 말씀하셨다. '성령'을 구하고, '성령'을 찾고, '성령'을 만나기 위해 문을 두드리라는 것이 예수의 말씀이다. 이게 무슨 말인가 싶지만, 예수라면 그렇게 기도했겠다 싶었다. 돈이 없어도 가오 있는 목사라면 돈이 아니라 성령을 청해야 하겠기에, 예수의 말씀 따라 '성령'을 주시라 기도했다.

그러나 사실 성령을 구한 게 아니었다. 돈을 달라는 것이었다. 깊은 한숨과 함께 작성한 청구서에 명목상 성령을 찍었지만, 내용상 돈을 청구하고 있었다. 기표는 성령이었으나 기의는 돈이었다. 내가 아는 내 마음을 하나님께서 왜 모르시겠는가. 내 기도는 예수의 가르침을 배반한 것인 줄 하나님께서 왜 모르시겠는가. "성령을 주소서" 하며 기도했지만, 그게 돈을 달라는 기도인 줄 왜 모르시겠는가.

가오 있어 성령을 구하는 사람이고 싶었지만, 당시에 나는 돈에 목말랐고, 잔고가 얼마인지 날마다 확인해야 하는 가난한 목사요 가장이었다.

내 수준은 예나 지금이나 큰 차이가 없다. 성령을 구하는 기도를 올릴 땐, 항상 잔고가 얼마 남지 않았을 때다. 성령을 구하는 기도를 드릴 때면, 늘 기표는 성령이나 기의는 돈이다. 내가 뭐, 그렇다.

그래도 부모는 자식에게 좋은 걸 주신다(누가복음 11:13). 과연 하나님은 늘 좋은 걸 주셨다. 성령을 주셨다. 성령은 '숨' '생기' 등과 같은 뜻이다. 성령을 구한다는 건 하나님의 숨결을 느끼는 것이요, 생기를 호흡하는 것이다. 성령은 통장 속지에 찍히지 않는다. 숨결은 통장 속지에 어떤 무늬도 남기지 않고, 생기는 통장 속지에 숫자를 새기지 않는다. 하나님께선 돈을 구하는 내 진짜 기도를 간파하셨겠지만, 항상 가장 좋은 걸 주신다. 성령을 주신다는 말이다. 그래서다. 날마다 잔고를 확인해야 한다. "그래도 돈이 있어야" 하니까.

살아 있으라

오리고기를 가끔 사 먹는다. 양배추 잘게 썰어 익히면 하

김영준

얀 배추 풋내가 고기에 스미고, 소금 뿌려 간만 맞추면 먹을 만하다. 거기다가 손가락 마디만큼 부추를 잘라 얹은 후에 바로 불을 끄면 부추가 뭉개지지 않는다. 청잣빛 접시에 담으면, 양배추 흰빛과 오리고기의 붉은빛이 청자색과 어울려 보기에도 좋다. 도시 마트에서 오리고기를 사다 먹을 수 있는 건 진공포장 때문이다. 냉장고 깊숙한 곳에 제법 오래 있어도 진공포장되어 있으면 맛에 큰 차이가 없다. 죽은 고기는 진공포장해야 오래 신선하다.

죽은 오리는 진공포장되는 게 좋지만, 살아 있는 오리를 절대 진공 속에 두어선 안 된다. 숨을 쉬어야 하고 공기에 노출되어야 산 생명이다. 성령이 '숨'이요 '생기'라면, 예수께서 기도할 때 성령을 구하라고 제안하신 건, 죽어서 진공포장되지 말고 숨 쉬며 살아 있으라는 말씀이겠다.

죽은 오리는 공기에 노출되지 않아야 신선도를 오래 유지할 수 있다. 죽은 오리는 '숨결'이나 '생기'에 닿으면 산화되어 썩는다. 예수께서 기도할 때 성령을 구하라고 말씀하신 건 맛있는 고기로 신선하게 진공포장되지 말라는 뜻이겠다. '숨결'이나 '생기'에 노출되어야 살 수 있는 산 오리로 진흙 도랑을 헤엄치며, 뒤뚱뒤뚱 걸으며 살아 있으라는 뜻이겠다.

성령이 없으면 사람은 흙뭉치에 지나지 않는다. 성령이 없으면 살아 있으나 사는 게 아니다. 성령이 없으면 진공 포장된 고기처럼 신선해 보일망정 살아 있는 게 아니다. 하나님의 숨결을 느끼고, 하나님의 생기를 호흡하려면 죽은 고기가 아니라 살아 있는 사람이라야 가능하다. 깨끗하게 진공포장된 신선한 오리고기로 진열되는 게 아니라, 검은 흙 위에 발자국을 남기고, 흐르는 도랑물에서 뒤뚱거리는 오리처럼 살아 있으라는[生] 명령[命], 이게 생명이다. 살아 꽥꽥거리라고 하나님께서 날마다 명령하신다. 통장에 찍혔던 4원은 죽으라 하셨던 게 아니라, 숨 쉬라 말씀하신 것이었겠다.

여전히 내 기도 속 기의는 돈이다. 하나님께서도 여전히 자식에게 좋은 걸 주신다. 성령을 주신다. 기표 속에 감추지 않고 톡 까놓고 돈을 달라 기도해도 성령을 주실 것이다. 가장 좋은 걸 주시는 이가 하나님이시니까. 숨 쉬길 바라실 테니까. 생기를 호흡하길 바라실 테니까.

4원이었던 샘물

책방을 열었다. 매주 토요일 모자가정(fatherless families)이 책방을 방문해 책 읽어 주는 선생님을 만난다. 선생님

김영준

은 아홉 살, 여섯 살, 다섯 살 세 자매와 함께 그림책을 읽고, 책에 대해 대화하고 그림을 그리기도 한다. 그렇게 매주 한 권 그림책을 맛있게 뚝딱 먹고, 집으로 가져간다. 선물이다. 세 자매의 엄마는 국경을 넘어 한국에 왔고, 현재 비자가 없다. 토요일에도 인력사무소로 아침 7시까지 나가 종일 일했다. 토요일에도 거의 12시간씩 아이들끼리만 집에 있다고 해서 엄마에겐 토요일 책방 알바를 부탁했고, 아이들도 책방으로 초대해 함께 그림책을 읽고, 읽은 책을 선물하고 있다. 책을 선물하기 위해 책을 판다. 이렇게 책을 팔아서 책을 선물하는 비영리책방이 됐다. 책 팔아 남긴 돈은 아이들 간식이 되고, 그림책이 되고, 비자 없는 엄마의 일당이 된다.

우리 책방은 원래 카페였다. 카페에서 발달장애인 청년들이 바리스타 실습을 했고, 이주여성들이 검정고시를 준비했다. 이제 비영리책방을 운영하려면, "돈이 있어야 한다." 돈이 필요할 때마다 기도한다. 우리에게 성령을 주시길 기도한다. 걸으며, 운전하며, 아쉬울 때마다 성령을 구하며 기도하지만, 분명 돈을 청구하는 것이다. 성령을 구하는 내 기도 속 기의가 돈인 줄 하나님께서 왜 모르시겠는가. 좋은 것을 정확하게 주신다. 성령을 주신다. 성령을 주시지만 "그래도 돈이 있어야" 하기에 날마다 잔고를 확인한다.

9년 전 4원이 찍혀 있던 계좌는 작은 샘이 됐다. 물 마시기 위해 책방으로 당당하게 들어오는 이웃에게 인색하지 않을 만큼 넉넉하다. 그러면 됐다. 충분히 감사하다. 물 마시러 들어온 책방의 공기가 하나님의 숨결이 되길, 성령을 구하며 기도한다. 잔고가 줄어드는 불안한 마음 달래기 위해서라도 성령을 주시라고 쉬지 않고 기도한다. 잔고가 줄어 불안해도 쪼잔하게 돈을 달라 기도하진 않겠다.

우리에게 숨을, 성령을, 생기를 주소서. 이렇게 기도하며 글을 마무리하려는데, 짙은 한숨이 뱃속 깊은 곳에서 배어 나온다. 과연 성령은 '숨'이다.

김영준

예수, 희년, 하나님 나라

———— 주의 성령이 내게 임하셨으니
이는 가난한 자에게 복음을 전하게 하시려고
내게 기름을 부으시고 나를 보내사
포로된 자에게 자유를, 눈먼 자에게 다시 보게 함을 전파하며
눌린 자를 자유롭게 하고
주의 은혜의 해를 전파하게 하려 하심이라 하였더라.

(누가복음 4:18-19)

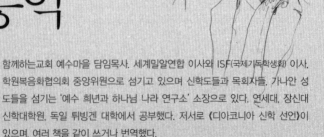

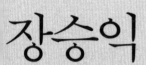

함께하는교회 예수마을 담임목사. 세계밀알연합 이사와 ISF(국제기독학생회) 이사,
학원복음화협의회 중앙위원으로 섬기고 있으며 신학도들과 목회자들, 가나안 성
도들을 섬기는 '예수 희년과 하나님 나라 연구소' 소장으로 있다. 연세대, 장신대
신학대학원, 독일 튀빙겐 대학에서 공부했다. 저서로 《디아코니아 신학 선언》이
있으며, 여러 책을 같이 쓰거나 번역했다.

누가복음 4장 18-19절은 흔히 예수께서 갈릴리 나사렛 회당에서 하신 공생애 첫 설교라고 하는데, 내게는 목회철학의 뿌리가 되는 말씀이다. 나는 내 목회철학을 이 말씀에서 가져왔으며, 한마디로 표현하면 '예수, 희년과 하나님의 나라'이다.

누가복음의 이 말씀은 지금까지 내 목회와 삶 그리고 신학을 꽉 붙잡고 놔두지 않는다. 나로 하여금 다른 길, 다른 삶을 살지 못하도록 늘 경책하고 감시하는 구절이기도 하다. 목회와 신학에서 내가 바람피우지 못하도록 하는 생명의 말씀이기에 얼마나 고마운지 모르겠다.

신학·목회의 길에서 나를 사로잡은 세 가지

지나간 추억을 회상하며 이 말씀과 내 목회철학과 관련된 오래전 이야기보따리를 먼저 풀어 놓으려 한다. 대학을 졸업하고 신학대학원에 입학해 신학을 공부하면서부터 '예수와 하나님 나라'라는 주제에 심취해 있었다. 신대원 졸업논문 제목을 금요철야기도 중에 "바울의 묵시적 기독론"으로 정했다(당시 금요철야기도는 금요일 밤부터 토요일 새벽까지 이어졌다). 기도하던 중에 전광석화처럼 떠오른 이 주제가 그야말로 이후 내 삶과 신학에 꽂혔다. 신대원 논문이라 그리 대단한 것은 아니었지만, 이 논문에서 예수, 묵시, 종말 그리고 역동적인 하나님의 나라가 큰 얼개를 이루었다.

신대원을 졸업한 해인 1989년 11월에 하나님의 은혜로, 하나님의 카이로스 시간에 결혼을 했고, 이듬해인 1990년 3월 독일로 유학을 갈 때도 예수와 관련된 기독론을 좀 더 깊이 연구해야겠다는 생각으로 아내와 함께 떠났다. 이러한 독일 유학길은 마치 물 흐르듯 너무도 자연스럽게 이어졌다. 막연하게나마 초등학교 3학년 때부터 유학을 가야겠다는 생각을 했는데, 신학을 하면서도 이 생각은 변하지 않았다.

유학 가기 전 국내에서 공부하는 신학석사과정(Th.M.)을 마치지 않고 곧장 떠나야겠다고 생각해 왔는데, 그 생각대로 결혼하자마자 당시 세계적인 신학자로 명성을 얻고 있었던 신약학자 롤로프(J. Roloff) 교수가 있는 에어랑겐 대학으로 가게 되었다. 그때만 해도 에어랑겐 대학은 옛 명성을 근근이 유지하고 있었다(참고로 신학에서 말하는 구속사학파가 에어랑겐 대학에서 생겨났다고 할 수 있다).

대학 입학을 위한 어학 강좌를 들으면서 나름 이런저런 강의도 듣고 기독론과 관련된 커다란 주제들, 예를 들면

역사적 예수, 인자, 성만찬 그리고 하나님의 나라 등의 주제들이 신약성경 각 권에서 어떻게 논의되고 있는지 관심을 두고 책과 논문을 그야말로 정신없이 흡입하며 읽었던 기억이 새롭다.

하지만 어느 순간, 이 주제들이 너무도 방대하고 복잡하구나 하는 생각이 숨이 막히게 콱 와닿았다. 지나치게 많은 사람이 이러한 주제들을 연구했고, 셀 수 없을 정도의 책과 연구논문이 쏟아져 나와 있는 것을 발견했다.

독일에 오자마자, 서툰 독일어로 몇 년간 출판된 연구논문들과 주요 단행본들을 탐독하면서 느낀 또 한 가지는, 기독론에 관한 연구는 무수히 많지만 교회론에 관한 성경신학적 작업은 상대적으로 아주 적다는 것이었다. 애초에 공관복음서나 요한복음의 기독론에 관심을 가져왔기에 여기에 착상하여 히브리서의 교회론을 박사논문 주제로 써야겠다는 생각에 이르렀다.

신약성경 각 권의 기독론에 관한 책을 읽어 가면서 자연스럽게 히브리서의 대제사장적 기독론과 구원론에 관한 글들을 탐독했다. 그리하여 히브리서의 저자가 수신자 공동체, 즉 교회를 사랑하는 마음에서 권면·징계하기 위한 방편으로 대제사장적 기독론과 구원론을 설득력 있게 제

장승익

시했다는 나름의 결론에 도달했다.

결국 히브리서에서 교회론·기독론·구원론·종말론은 분리되어 생각할 수 없으며, 마치 씨줄과 날줄처럼 정교하게 엮여 오늘의 히브리서라는 탄탄하고 멋진 신학적 작품을 탄생시켰구나 하는 생각에 이르렀다. 이런 과정에서 "히브리서에 나타난 하나님의 백성: 히브리서의 신학과 교회론을 위한 한 기여"라는 제목으로 박사학위 논문을 썼다.

히브리서를 연구하면서 구약성경 중 레위기를 많이 읽고 묵상했다. 이로써 희년에 대해 좀 더 선명히 이해하게 되었고, 이 주제는 내 평생 신학의 화두로 자리하게 되었다.

앞서 밝혔듯이 신학의 길에 처음 들어섰을 때부터 '예수, 희년과 하나님의 나라'는 내 주요 관심사였다. 하지만 이 주제에 대한 더 깊은 영적·신학적·목회적 이해는 독일 유학 시절 박사논문을 쓰는 과정과 목회 현장에서 무르익었고, 그 결과 내 목회와 신학의 두 기둥으로 확실히 자리매김되었다.

내 목회의 근간, 사회적 약자를 보듬은 예수

유학과 목회를 포함하여 약 20년 6개월을 독일에서 살았는데, 이 기간에 많은 하나님의 은혜를 체험했다. 그중 아직도 마음에 깊이 남아 목회와 신학에 자양분이 된 체험이 있다. 독일 유학 3년째 되던 해인 1992년 여름부터 1994년 여름까지 약 2년간 독일 장애인들을 가가호호 방문하며 돌본 일이다. 독일의 개신교 사회봉사국에 속해 있는, 장애인과 사회적 약자를 섬기는 각 지역 단체인 디아코니 센터에 속해 그들을 돕는 아르바이트를 어쩌다 하게 되었다. 일주일에 하루 약 10시간 정도 장애인과 사회적 약자들을 방문하여 목욕도 시켜 드리고, 집 청소, 시장 보기, 음식 준비, 식사 시중, 산책, 말동무 그리고 때로는 대소변까지 두루 챙기는 사역이었다.

가난하고 병들고 고독한 장애인들과 함께한 이 2년 동안의 삶은 정말 잊을 수 없는 '황홀한' 경험이었고, 이후 30세에 목사 안수를 받아 목회하며 학위논문을 쓰는 과정에 지대한 도전과 영향을 끼쳤다. 그때의 경험과 더불어 예수의 삶과 누가복음 4장 18-19절 말씀이 지금도 변함없이 내 심장과 신앙 양심을 울린다.

독일에서 10년째 목회를 하던 어느 날, 복음서를 읽는데 예수께서 병자들을 치유하시는 말씀들이 갑자기 가슴을 못으로 찌르는 듯 강하게 와서 박혔다. 말씀들이 혁

명을 일으키며 일어나 다가왔다고나 할까. 마태복음 4장 23-24절이 특히 그러했다.

예수께서 온 갈릴리에 두루 다니사
그들의 회당에서 가르치시며
천국 복음을 전파하시며
백성 중의 모든 병과 모든 약한 것을 고치시니
그의 소문이 온 수리아에 퍼진지라.
사람들이 모든 앓는 자 곧 각종 병에 걸려서
고통당하는 자, 귀신 들린 자,
간질하는 자, 중풍병자들을 데려오니
그들을 고치시더라.

'아 그렇다! 이런 예수의 삶이야말로 정말 내가 본받고 따라야 할 목회가 아닌가!' 하는 신선한 충격과 더불어 뭐라 형언할 수 없는 감정이 눈 깜짝할 사이에 교차했다. 그 길로 곧장 장애인 선교사역을 하는 유럽 밀알에 전화를 걸어 장애인 선교사역에 참여하는 교회가 되기 원한다고 얘기했다. 이후 지금까지 장애인 선교사역에 음으로 양으로 참여해 섬겨 오고 있다.

이처럼 '예수, 희년과 하나님의 나라'는 유럽에서의 내 목회와 신학에 지대하게 영향을 미쳐, 특히 유럽의 장애인들과 소외받는 가난한 이웃들, 나그네의 삶에 관심을 두고 참여하는 계기가 되었다. 나는 목회란 오직 예수가 하셨던 바로 그 일을 이어 하는 것이라고 확신했다. 물론 신학 작업도 이와 다르지 않다고 생각한다. 내 신학 역시 예수의 말씀과 삶을 논리적으로 이 세상에 바르게 전하고 설명하는 것일 뿐이다.

그리 짧다고도 길다고도 할 수 없는 그간의 내 목회와 신학을 생각할 때, 그 중심에 단연 예수와 하나님의 말씀이 있다. 가능한 한 예수의 말과 인격 그리고 삶을 본받아 예수의 마음을 품고 성도와 동역자와 가난한 이웃을 대하려고 나름대로 최선을 다하며 달려왔다. 오직 예수의 공생애의 삶, 곧 가난한 자와 병든 자, 사회적으로 소외당해 투명인간처럼 살아가는 사람들을 찾아가서 위로하는 그분의 삶이 나의 목회와 삶의 근간을 형성하고 있다 해도 과언이 아니다. 그렇다고 사회참여적인 활동을 적극적으로 해온 것은 아니지만, 누가복음 4장 18-19절이 지금까지 내 목회와 삶을 지탱해 주는 생명줄 같은 말씀이라고 해도 지나치지 않을 것이다.

장승익

예수와 하나님의 말씀을 치열하게 붙잡고 씨름하는 목회자와 신학자의 당연한 목회·신학적 과제는 '희년', 그리고 '하나님의 나라'라는 것이 내 분명한 확신이다. 희년과 하나님의 나라는 곧 하나님의 은혜이다. 그것이 하나님으로부터 주어졌기 때문이다. 희년의 근본 취지는 자유와 해방이요, 더불어 행복하게 사는 삶에서 우러나오는 기쁨과 공의가 아닌가 생각한다. 하여 은혜받은 우리는 이 받은 바 은혜를 널리 전하고 퍼뜨려야 할 것이다.

예수의 예언·목회를 따라 사는가?

목회를 하면서 나 자신에게 수없이 묻고 또 묻는다. 나는 왜 목회를 하는가? 나는 어떠한 설교를 준비하여 성도들에게 선포하는가? 나의 목회와 설교와 신학을 예수께서 지켜보시면 뭐라고 평가하실까? 사람의 평가에 일희일비하기보다는 하나님 앞에서 진정 부요한 목회자요 신학자로서의 길을 오롯이 걷는 것이 내 소신이요 소망이다.

예수께서 나사렛에서 선포하신 누가복음의 이 설교는 예언자로서, 목자로서, 대제사장으로서의 사역을 압축해 놓은 말씀이라는 게 내 생각이다. '내가 지금 제대로 목회하고 신학하며 설교하고 살고 있는가?'라는 물음을 지닌 모든 목회자와 신학자, 그리고 성도라면, 예수의 이 메시지가 자기 삶에 꿈틀거리고 있는지를 잣대 삼아 살아가면 어느 정도 해답을 찾을 수 있으리라 생각한다.

하나님께서 가난한 자를 지으셨고(잠언 14:31, 17:5), 저들의 보호자가 되시며(시편 14:6), 예수의 오심이 먼저 그들에게 있었다면, 교회는 당연히 먼저 그들에게 다가가 선포하고 그들의 형편을 돌아보고 보살피는 삶을 살아야 하지 않을까? 나는 이것이 복음에 합당한 삶이요 하나님께서 우리를 부르신 사명을 이루는 일이라고 생각한다.

중남미를 대표하는 멕시코 작가 올리비아 파스는 시(詩)를 가리켜 "이 세계를 드러내면서 동시에 다른 세계를 드러내는" 양식이라고 했다. 나는 예수의 삶이 그러했다고 본다. 시인 정호승은 〈시인 예수〉라는 시에서 예수를 "모든 사람을 시인이게 하는 시인"으로 묘사했는데 정말 시인다운 눈으로 예수의 삶을 잘 표현하지 않았나 싶다.

시인 예수는 현실에 함몰되지 않으면서 가장 현실적이셨고, 또한 가장 이상적인 삶을 사셨다. 예수 안에서 하늘과 땅이 만나고 영원과 찰나가 만난다고나 할까.

탁월한 구약학자였던 아브라함 요수아 헤셸은 《예언자들》에서 예언이란 "인간 상황을 하늘의 눈으로 이해하는

장승익

것이다. 그러므로 예언은 하늘의 눈으로 인간 실존을 주석하는 것"이라 했다. 구약 예언자들은 하나님의 마음을 품은 자들이었다.

예수의 삶이 바로 그러했다. 누가복음 4장 18-19절은 예언인 동시에 예수의 목회 그 자체라 할 수 있을 것이다. 오늘의 목회자와 신학자는 이러한 예수의 예언과 목회를 따르는 자들이다. 예수와 상관없는 목회나 예언은 있을 수 없다. 예수와 무관한 목회나 예언은 주술이요 종교행위에 불과하다.

오늘의 교회는 예수의 삶의 본질보다는 뿌다구니에 치중하는 것 같다. 그러다 보니 무늬만 있고 소리만 요란하여 정작 필요한 복음의 능력과 생명력은 그 자취를 찾아볼 수 없는 경우가 많다. 사람들이 뿌다구니에 걸려 넘어지듯 이러한 교회와 목회자의 행태로 사람들은 위로와 희망을 얻기보다는 걸려 넘어지기 일쑤다. 그야말로 세상으로부터 남우세를 당할 뿐이다. 오늘의 교회가 처한 상황이 바로 이러한 것 같다.

오늘 교회의 모습은 믿는 우리에게나 믿지 않는 세상에 한시름이 되고 있지 않나 싶다. 이 한시름을 과연 어떻게 덜 수 있을까? 누가복음 4장 18-19절의 말씀이 그늘진 곳에 비치는 볕뉘와 같아 낡고 습한 곰팡이를 내몰듯이 오늘의 교회와 사회를 어둠에서 건져 내고 치유하는 생명수가 되기를 오늘도 조용히 소망한다.

장승익

홀로 뭍에 계시다가

———— …무리를 작별하신 후에 기도하러 산으로 가시니라.
저물매 배는 가운데 있고
예수께서는 홀로 뭍에 계시다가

(마가복음 6:45-47)

김유준

은진교회 담임목사로, 연세대와 동 대학원에서 공부했으며 연세차세대연구소를
세워 캠퍼스선교에 헌신해 왔다. 연세대와 한신대에서 교회사 강의를 병행하고
있으며, 연세대 우수강사상(2009-2011) 및 최우수강사상(2012-2013)을 수상한 바
있다. 저서로 《조나단 에드워즈의 삼위일체론》《아우구스티누스의 경제사상 연
구》《토마스 뮌처의 경제사상》 등이 있고, 《이그나티우스의 서신》《소유권》《츠
빙글리와 불링거》(공역) 등을 번역했다.

《파우스트》는 독일의 대문호 괴테가 쓴 대표적인 희곡이다. 구상에서 완성에 이르기까지 무려 59년의 세월이 걸린, 문자 그대로 괴테 생애의 대작이다. 희곡의 내용은 이렇다.

오랜 세월 동안 수많은 연구를 했지만, 결국 아무것도 얻지 못했다고 생각하여 절망에 빠진 파우스트 박사 앞에 어느 날 악마 메피스토펠레스가 나타난다. 파우스트 박사는 악마의 힘을 빌려 우주의 신비를 탐구하고, 부자가 되고 향락을 누리며 잠시나마 하나님과 대등한 자가 되고 싶어 악마와 혈서로 계약을 맺는다. 그 조건은 악마가 24년간 파우스트의 요구를 충족시켜 주기 위해 모든 봉사를 다하고, 이 기간이 지나면 자신의 영혼을 악마의 손에 전적으로 맡긴다는 것이다. 이 계약으로 인해 파우스트는 24년 동안 자기가 원하는 돈, 명예, 권세, 지혜, 향락 등 모든 것을 만끽한다. 이렇게 꿈같은 세월이 지나가고 이제 거의 마지막 시간이 되자, 두려움에 떨고 있던 파우스트는 자기가 회개하면 멸망의 운명을 막을 수 있을 것이라고 기대한다. 하지만 정해진 시간이 되어 운명의 시계가 12시 자정을 알리자, 악마가 달려들어서 파우스트를 끌고 나간다. 이 희곡은 애통하면서 소리치는 파우스트의 비명으로 끝

김유준

이 난다. 악마의 힘을 빌려 온갖 쾌락을 맛본 파우스트 박사는 결국 지옥으로 떨어진다.

오늘 나의 공허함을 채우는 것은

사람이라면 누구나 공허함을 느낀다. 아무리 채워도 뭔가 늘 허전하고 아쉬운 것이 우리의 인생이다. '내 인생이 이 정도밖에 안 되나?' '이렇게 살다가 그냥 죽는 것일까?' 이러한 공허한 마음이 우리를 엄습할 때, 사람들은 대부분 그 마음을 달래기 위해 무엇인가로 끊임없이 채우고자 한다. 하지만 그래도 여전히 공허하다. 그래서 인생의 위기는 마음이 공허할 때 찾아온다.

어떤 사람은 자신의 공허한 마음, 외로운 마음을 미각의 즐거움으로 달랜다. 맛있는 음식, 향기로운 커피를 찾아다니며 나름 행복을 느끼며 즐거워한다. 어떤 사람은 자신만의 독특한 취미 생활에 몰두함으로 자신의 외로움을 달래기도 한다. 낚시, 등산, 악기연주, 그림그리기, 영화나 음악 감상, 스포츠, 게임 등 나름대로 의미를 찾아 그것에 몰두한다. 바쁜 삶 속에서 나름 인생의 여유를 만끽한다. 청년들은 자신의 허전한 옆구리를 채워 줄 대상을 찾아 그 사람에게서 위로를 얻고자 한다. 나 역시 무언가 끊임없이 일과 사역을 행함으로 사람들에게서 존재 가치를 찾으려고 했다.

사실 자신의 공허한 마음을 무엇으로 채우는가에 따라 그 인생은 결정되기 마련이다. 외롭고 힘든 자신의 인생을 채우는 그 무엇 또는 대상이 있다면 그 선택이 그 사람의 삶 전체를 결정하게 된다. 우리의 마음은 마치 그릇과도 같기에, 선으로 채울 수도 악으로 채울 수도 있다. 사랑으로 채울 수도 증오로 채울 수도 있다. 희망이나 절망으로 채울 수도 있다. 하나님께 대한 신앙으로 채울 수도 있고, 하나님이 아닌 다른 욕망으로 채울 수도 있다. 인간의 마음은 무엇으로든 채워져야지 그냥 공허한 채로 있지는 않는다. 중요한 것은 무엇으로 채우느냐이다.

이러한 공허한 인생에 대한 갈증 속에서 어느 날, 쉽게 지나칠 수 있는 말씀이 눈에 들어왔다. 마가복음 6장 45-47절이다. 이 말씀 앞에는 오병이어 사건이 기록되어 있다. 삶의 의미와 목적 없이 떠돌이처럼 살던 수많은 사람들이 어느 날 예수님에 대한 소문을 듣고 몰려들었다. 예수께서는 목자 없는 양같이 유리하고 방황하는 사람들을 불쌍히 여기시고 그들에게 위로와 치유를 베푸셨다. 가난과 고통, 각종 질병과 귀신들린 자들을 고치시면서 하나

김유준

님 나라에 대한 소망과 비밀을 가르치셨다.

오병이어 사건과 예수님의 반응

그 당시 로마제국의 식민지 치하에서 정치적 억압과 경제적 수탈에 시달리던 사람들은 대부분, 예루살렘 성전을 중심으로 종교적 기득권을 고수하며 이익을 챙기는 종교지도자들의 횡포로 비참한 삶을 살고 있었다. 절망과 실의에 빠져 어느 곳 하나 마음 둘 곳이 없던 사람들은 예수님의 신선하고도 능력 있는 가르침과 치유를 경험하며 인생의 새로운 소망과 기쁨을 맛보았다. 하나님 나라에 대한 비전과 소망을 심어 주시는 예수님의 인자한 말씀을 듣다 보니 어느덧 시간 가는 줄도 모르고 있었다. 이미 날이 저물어 배는 고프고 집으로 돌아가야 할 시간이었다. 주님과 더 오랜 시간을 함께 있고픈 아쉬움을 뒤로해야 할 때, 제자들은 무리를 보내어 각자 알아서 사 먹을 것을 제안했지만, 예수께서는 제자들에게 너희가 먹을 것을 주라고 하셨다. 제자들의 생각은 합리적이었다. 하지만 현대의 신자유주의 경제체제처럼 양육강식, 적자생존의 원리를 연상시키는 생각이었다. 돈과 능력이 있으면 챙겨 먹고, 돈도 능력도 없으면 굶으라는 것이다.

하지만 예수님의 방식은 달랐다. 그야말로 공동체 모두가 함께 해결하는 원리를 보여 주신 것이다. 어머니의 정성이 담긴 어린아이의 도시락에 있는 떡 다섯 개와 물고기 두 마리를 취하여(take) 축사하신(give thanks) 후에 그것을 떼어(break) 제자들을 통해 나누어(share) 모두가 배부르게 먹게 되었다. 아주 적은 양식일지라도 공동체 일원이 함께 나누며 하나님의 도우심을 구할 때, 진정한 기적과 축복이 임한 것이다. 놀라운 사실은 최후의 만찬에서와 동일한 동사들이 사용된 점이다. 예수께서는 자신의 살과 피를 먹고 마시는 자에게 죄 사함과 영원한 생명이 있음을, 오병이어 사건을 통해서, 거기 모인 사람들 가운데 남자만 오천 명이나 되는 그곳에서 미리 맛보게 하신 것이다. 여기서 더 놀라운 사실은 맛만 본 것이 아니라 모든 사람이 배불리 먹었다는 데 있다.

오늘날의 경제 문제도 결국은 자원과 양식의 절대적 부족이 아니라, 인간의 탐욕으로 인해 소수에게 집중된 부와 양식을 나누지 않고 공유하지 않는 죄악으로 인해 발생하는 것임을 발견한다. 예수님 당시 식민지 현실에서, 가난과 배고픔에 찌들었던 무리에게 오병이어 사건은 그야말로 엄청난 기대와 소망을 갖게 했다. 영적인 문제뿐 아니

김유준

라 먹고사는 경제 문제까지도 해결해 주시는 예수님을, 백성들은 당연히 왕으로 모시고자 했다. 오늘날 방식으로 말하면 경제 대통령을 뽑고자 했던 것이다.

"이분이야말로 우리 인생의 모든 것을 해결하실 분이야."

"이렇게 능력 많고 겸손하신 예수님이 우리의 통치자가 되시면 이 지긋지긋한 로마 식민치하의 억압과 수탈도 끝장낼 수 있어."

"이분이야말로 진정한 우리의 구원자이시니 비로소 이스라엘의 참된 신앙공동체를 회복할 수 있겠어."

무리의 반응에 제자들도 이때야말로 예수께서 이스라엘의 왕으로, 메시아로 등극하실 절호의 기회라고 생각했을 것이다.

'이처럼 수많은 무리가 예수님을 환호하며 지지한다면, 이러한 예수님의 능력과 권세라면 무엇이든 가능하겠구나.'

요즘 정치가라면 이런 절호의 기회를 놓칠 리 없겠다.

의지할 것 없던 제자들, 인생의 목적도 없이 유리하며 방황하던 무리의 마음에 예수님은 정말로 모든 공허함을 채워 주시는 놀라운 분이었다. 마음의 공허함뿐 아니라 경제적 공허함과 정치적 공허함, 그리고 신앙적 공허함까지 충분히 채우고도 남는 분임을 깨달았다. 그래서 이들은 예수님을 자기들의 공허함을 채우는 분으로, 자신들의 인생을 풍요롭게 해줄 경제 대통령으로 모시고자 했던 것이다. 오늘날 교회를 오가는 많은 이들도 이처럼 자신의 욕망에 사로잡혀 그것을 하나님의 뜻으로 몰아가곤 한다.

하지만 예수님은 무리의 그러한 기대에 부응하지 않으셨다. 예수께서는 즉시 제자들을 재촉하여 바다 건너편으로 건너가게 하셨고, 무리도 모두 돌려보내셨다. 그야말로 하나님 나라 운동을 본격적으로 시작할 수 있는 중요한 순간이었다. 수많은 무리로부터 조직과 운동력을 세울 수 있는 절호의 찬스였는데, 예수님은 그렇게 하지 않으셨다. 만약 오늘날 정치인 중 누군가가 이러한 상황에 있다면 당장에 그 권력을 차지하고자 앞장서서 추앙받았을 것이다. 하지만 예수님의 방식은 그 당시 수많은 무리와 제자들의 기대와도, 오늘을 살아가는 우리의 기대와도 달랐다. 오히려 예수님은 수많은 무리는 물론 제자들까지 모두 재촉하여 떠나보내시고 기도하러 산으로 가셨고, 그곳에서 홀로 계셨다.

김유준

SNS에서 존재감을 확인하려는 시대

인생의 공허함에 시달리는 우리에게 많은 사람들의 찬사와 추앙은 정말로 달콤하고도 매력적인 유혹이다. 자부심은 물론 자신의 존재감을 확인할 수 있는 최고의 순간일 것이다. 고향 교회에서 나는 찬양인도와 성가대, 교사 등으로 섬기면서 많은 성도로부터 인정받는 청년이었다. 군대 전역 후 서울의 큰 규모의 교회로 옮기고 나서 '예배만' 드려야 했던 나는, 알아보는 사람도 없고 인정해 주는 이도 아무도 없었기에 교회 가는 것이 굉장히 낯설고 허전했다. 이 경험을 통해 그동안 자부심을 느끼며 소중히 여겼던 '믿음 좋은' 청년 김유준의 실체가 무엇인지를 깨달았다. 그동안의 내 신앙은 하나님의 인정이 아닌 바로 사람들의 인정에 있었다. 주위 사람들의 칭찬에 귀가 얇아 하나님의 음성에 귀 기울이지 못했고 하나님만을 즐거워하는 진정한 예배의 감격을 맛보지 못했던 것이다.

하지만 예수님은 세상의 모든 찬사와 칭송, 그러한 인정과 환호를 뒤로한 채, 오직 홀로 거하셨다. 예수님은 공허한 인생이 아닌 고독한 인생을 선택하셨다. 고독한 인생은 진정한 홀로서기를 할 때에야 가능하며, 그 고독의 순간이 바로 하나님을 만나는 시간이기 때문이다. 참된 고독은 오직 하나님 아버지께만 우리의 소망을 둘 때 가능하기 때문이다.

사람들은 고독을 두려워한다. 대부분 고독의 유익을 알지 못한 채, 고독을 공허함으로 간주한다. 아무도 자신을 찾지 않거나 기억해 주지 않는 쓸쓸하고 외로운 상황으로 생각한다. 그래서 사람들은 고독이 무서워 부단히도 새로운 만남과 사귐을 찾아다닌다. 그들은 홀로 있을 수 없어서 사람들 사이에 함께하기를 갈망한다. 가족모임, 등산모임, 동호회, 동기동창회 등 각종 모임에 열심히 다닌다. 심지어 방 안에 혼자 있어도 늘 누군가와 함께 있어야 안정을 찾는다. 최첨단의 문명을 활용하며 살아가는 현대인들은 스마트폰에서 눈을 떼지 못하며, 카카오톡, 페이스북, 트위터, 인스타그램 등 각종 소셜 네트워크 서비스에서 자신의 존재감을 찾으려고 한다.

사실 현대인들이 찾는 것은 진정한 사귐이 아니라, 자신의 외로움을 잠시나마 달래며 잊게 하는 그 무엇이다. 자신의 존재감을 확인하고 누군가가 자신을 인정해 주길 바라는 목마름의 표현에 불과하다. 문제는 그러한 만족과 채움은 훨씬 더 심한 외로움과 공허함 앞의 일시적 위로에 불과하다는 것이다.

김유준

간혹 다른 이들의 인정으로 존재감을 느꼈던 공간이 나를 향한 비난과 정죄의 화살로 바뀌면 감당하질 못하게 된다. 악성 댓글과 비난이 쏟아질 때, 그 자체를 받아들이지 못하고 불안해하고 심각한 우울증에 시달리다가 결국에는 자살로 자신의 생에서 도망치기도 한다. 공허함 속에서 무언가를 채우려고 할 때, 독이 든 양분처럼 자신의 내면은 갈증과 절망 속에서 서서히 말라비틀어지고 결국에는 죽음에 이르게 된다. 참된 고독 가운데 하나님과의 교제를 누리지 못하는 영혼은 다른 사람들과의 진정한 교제와 만남도 누리지 못한다. 결국 깊은 외로움과 절망으로 신음하며 죽어 갈 뿐이다.

고독 속에 사귐이 있다

예수님은 사람이나 다른 무엇을 당신의 양식으로 삼지 않으셨다. 예수님은 홀로 계시며 하나님 아버지께 기도함으로 매일의 삶의 목적과 방향을 구하셨다. 예수님은 하나님 앞에 홀로 계심으로 묵묵히 주님의 길을 걸어가셨다. 사람들의 칭송과 환호가 오히려 십자가의 길에 방해가 됨을 아셨다. 예수님은 자신을 따르며 환호하는 수많은 무리와 작별하신 후에 기도하러 산으로 가셨다. 습관대로 한적한 곳에 가셔서 기도하셨다. 예수님은 홀로 계셨지만, 하나님 아버지와의 진정한 사귐 가운데 계셨다. 예수님의 고독은 삼위일체 하나님의 내적인 코이노니아와 사랑이 충만한 시간이었다. 희년의 복음을 선포하시고, 그 말씀대로 고난의 삶과 십자가를 짊어지신 원동력이 바로 거기에서 비롯된 것이다.

누구나 최후의 심판 때, 주님 앞에 홀로 선다. 단독자로서 하나님 앞에 서게 된다. 홀로 하나님과 결산을 하게 된다. 그때는 그 누구에게도 핑계를 댈 수 없고 그 누구도 의지할 수 없다. 누구도 우리의 죽음을 대신해 줄 수 없기 때문이다. 하나님의 부르심 앞에 홀로 나아가게 된다. 그래서 마르틴 루터는 이렇게 말했다.

> 누구나 죽음과의 싸움을 저마다 홀로 싸울 뿐입니다. 거기 가서는 나는 그대 옆에 있을 수 없고, 그대도 나의 옆에 있을 수는 없습니다.

그러므로 예수님처럼 참된 고독의 자리로 '홀로' 나아가기를 원치 않는다면, 그리스도의 부르심을 물리치는 것이요, 그리스도의 십자가의 길을 거부하는 것이다. 또한 우리를

김유준

부르신 거룩한 분과 진정한 사귐에 들어갈 수도 없다. 홀로 있음 없이 진정한 사귐을 바라는 사람은 공허한 말과 감정에 빠질 뿐이다. 하나님과의 친밀한 고독의 기쁨과 비밀을 경험하지 못한 사람은 수많은 만남 속에서 공허함으로 허덕일 뿐이다.

우리는 고독과 침묵 가운데 하나님의 말씀을 기다리며 그분의 뜻을 깨닫게 된다. 그리스도인의 고독과 침묵은 듣는 침묵이요, 겸손한 침묵이다. 그것은 말씀에 매인 침묵이다. 고요함 중에 깨닫는 힘, 영혼을 맑게 하는 힘, 본질에 집중하는 힘을 얻는다.

그래서 《그리스도를 본받아》를 쓴 중세의 유명한 수도사 토마스 아 켐피스는 "즐겨 침묵하는 자만큼 확실하게 말할 사람도 없다"라고 했다. 우리의 진정한 고독은 주님을 갈망하는 침묵이며, 주님 안에서의 진정한 사귐의 시간이다. 하나님의 말씀을 솔직하게 대면하는 인생의 위대한 시간이다. 우리 인생의 참된 본질과 목적을 깨닫는 시간이다. 진정한 존재감과 자존감을 확인하는 시간이다. 주님과 함께하는 인생의 고독은 깊이 있는 영성의 기도이다. 그러한 기도야말로 하나님을 하나님 되게 하는 최고의 신앙이자 전적인 신뢰이다.

"오직 하나님께만 즐거움을 두어야 함"을 인생의 목적으로 삼은 아우구스티누스는 "하나님이 아닌 다른 무엇으로도 인생의 빈 영혼을 채울 수 없다"고 했다. 하나님께만 소망을 두고 그분의 선하심을 맛보아 아는 사람만이 날마다 더욱더 거룩한 자리로 나아가게 된다. 사랑하는 이와 함께 있으면 헤어지기 싫고, 계속 함께 있고 싶은 마음과 같은 이치일 것이다. 사랑하는 그분을 날마다 새롭게 알아가며 그분의 뜻을 따라 공평과 정의의 삶을 이 땅에 세워가는 것이 평생의 기쁨이기 때문이다.

김유준

사람을 '하나님 형상'답게

———— 하나님이 자기 형상
곧 하나님의 형상대로 사람을 창조하시되…

(창세기 1:27)

최영규

총신대 신학대학원에서 공부했으며, 고양시 덕양구 신원동 소재 신원마을교회에서 목회하면서 '카페 길갈' 지기로 섬기고 있다. 일용직 노동자에서부터 학원차량 운전, 화초 판매원, 카드 영업사원 등 온갖 직업을 두루 경험하는 동안 사람을 하나님의 형상을 입은 존재로 대하는 일의 중요성을 몸으로 체득했다.

하나님은 보이지 않으시니 무엇이라 쉽게 말하기 힘드나, 사람은 눈에 보이니 할 말이 많다. '사람'은 내게 오랜 묵상거리이고, 고민거리이면서, 사랑의 대상이다.

공자가 제자 자로와 대화를 할 때 '이름'에 관해서 나눈 대목이 있다. 바로 '정명'(正名)이다. 공자 자신이 정치를 하게 되면 이름을 먼저 바로잡겠다는 것이다. 우리 시대와 이전 시대를 통틀어서 가장 잘못된 이름이 '사람' 아닌가 생각한다.

성경에서는 사람을 가리켜 "하나님의 형상"이라고 했지만 우리는 사람을 구분했다. 성경에서는 사람을 사랑해서 친히 사람이 되는 신에 관한 이야기가 나오는데 우리는 이 신을 죽인다. 성경에서는 사람을 사랑하는 것과 하나님을 사랑하는 것이 동일하다고 하는데, 우리는 '하나님 제일주의'에 빠져서 사람은 늘 뒷전에 두고 말았다. 이런 사례는 세계 곳곳과 역사 여기저기서 쉽게 찾아볼 수 있다.

성경을 제일 처음 받았다고 자부하는 사람들이 이스라엘 민족이다. 그런데 팔레스타인과 자기 민족을 각각 '이방인'과 '택한 자'로 구분하면서 거대한 분리장벽을 만든 그들이 '인간은 하나님 형상으로 창조되었다'는 구절을 어떻게 받아들일지 궁금하다. '사람'이란 어떤 존재인지를

최영규

그들에게 묻지 않을 수 없다.

제국의 역사 또한 지배자와 피지배자를 만들어 내고, 종교는 이 구조를 추인하는 데 일조했다. 재레드 다이아몬드가 쓴 책《총, 균, 쇠》에 보면 이런 내용이 나온다.

스페인의 작은 군대가 거대한 잉카제국의 군대를 물리치고, 잉카의 왕 아타우알파를 생포하게 된다. (나중에 아타우알파는 엄청난 몸값을 지불하고도 죽임을 당한다.) 스페인 군대의 리더 피사로는 비센테 발베르데 수사를 시켜서 하느님과 스페인 국왕의 이름으로 주 예수 그리스도의 율법에 복종하고 스페인 국왕 전하를 받들 것을 요구한다. 이 명을 받은 수사는 잉카인들을 비집고 들어가서 말한다.

> 나는 하느님의 사제로서 기독교인들에게 하느님의 일들을 가르치나니 그대를 또한 가르치러 왔소. 내가 가르치는 것은 하느님께서 이 책으로 우리에게 말씀하신 것들이오. 그러므로 하느님과 기독교인들을 대신하여 그대가 그들과 벗이 되기를 청하는 바 그것이 하느님의 뜻이요 또한 그대에게도 유익하기 때문이오. 《총, 균, 쇠》, 문학사상사, 98-99쪽)

비단 제국의 역사만이 아니라 많은 사람들은 '너'와 '나'를 구분하기에 급급했다. 피부색이 달라서, 언어가 달라서, 출신지가 달라서, 그리고 살아가는 삶의 양식이 달라서…. 하나님을 믿는다면서 '하나님의 형상' 된 인간을 이렇게 구분하고 저렇게 재단할 바에야, 차라리 하나님을 모른다고 하면 속이 편할 것 같다.

'사람'이 먼저다

나는 강원도 영월에서 태어나 네 살 때 부산으로 가서 20년간 그곳에서 살았다. 그리고 스물네 살에 현재 살고 있는 고양시로 오게 되었다. 목사가 되기까지 참으로 다양한 분야에서 일을 했다. 긴 사연이 담긴 이력을 간단히 줄여 소개하자면 이렇다. 삼양사 사료공장에서 일용직으로 1년, 난과 화초를 파는 가게에서 5년, 학원지입차량 운행 2년 반, 2002 한일월드컵 마케팅 사업 1년(월드컵 끝남과 동시에 회사는 사라짐), 건축자재 영업 2년 반, 시티은행 카드 영업 2년 반….

이렇듯 다양한 직업과 직장을 경험하면서 '사람'과 '노동자'에 대해 많은 생각을 하게 되었다. 어떤 때는 월급을 못 받았고, 어떤 때는 장시간 노동에 시달렸고, 또 어떤 때는 발바닥이 닳도록 거래처를 뛰어다녔다. 이런 과정들을 거치면서 들어간 신학교는 당시 송전탑 문제로 한창 시끄러웠다. 나 또한 별동대까지 신청해서 방학 때도 송전탑을 지켰다.

이렇게 모두가 송전탑에 주목하고 있을 때, 내 눈에 들어온 분들이 청소노동자들이었다. 인간에 대한 이해가 가장 깊어야 할 신학교였지만 청소노동자들에 대한 처우와 대접은 열악했다. 변변찮은 휴식 공간도 없었고, 식사도 대충 때우고 계셨다. 물론 고용 형태에서도 하청 용역은 기본이었다. 송전탑 문제가 최대 이슈가 된 원우회 총회의 마지막 순서 기타 안건 시간에 이 문제를 제기했다. 그 후, 청소노동자분들에 대한 여건이 다소 개선이 되었다.

군대에 있을 때는 이런 일도 있었다. 당직하사로 복무할 때다. 그날 당직사령관이 5분대기조를 출동시켜 취침 후 30분 내에 이동하는 병력들을 포승줄로 묶어서 끌고 오라고 명령했다(취침 후 30분 내에는 이동이 금지되어 있다). 세면장에서 씻고 있던 사람들은 영문도 모른 채 갑자기 포승줄에 묶여 당직사령실로 끌려갔다. 아무리 규율을 어겼어도 사람을 포승줄로 묶어서 끌고 오라는 것은 납득이 안 되었다. 나는 화가 나서 당직사령에게 반기를 들었고, 당직사령은 내게 영창 갈 각오를 하라고 으름장을 놓았다. 다행히 그날 밤 아무 일도 없이 지나갔다.

여러 해 전 부교역자직을 사임하고 교회를 개척한 뒤에 고민이 되었던 건 그동안 개인적으로 후원해 오던 후원처 문제였다. 교회 개척을 하고 내 코가 석 자가 된 상태에서 계속 후원을 할 수 있을지, 이참에 정리해야 할지 고민하고 망설였다. 고민 끝에 아내와 상의했다. 함께 개척에 참여한 가정에도 이런 상황을 말씀드렸다. 우리가 후원을 포기할 수 없었던 가장 큰 이유는 '사람' 때문이었다. 적다면 적고, 많다면 많은 금액… 당시 정기적으로 후원을 하는 대상 가운데는 그분들의 한 달치 생활비에 해당하는 경우도 있었다.

내가 힘들다고 다른 사람의 밥그릇을 빼앗으면 교회를 개척한들 무슨 의미가 있을까, 고민이 되었다. 더구나 교회는 자기 밥그릇 챙기는 곳이 아니라 남의 밥그릇 챙겨주는 곳 아니던가. 그래서 그만둘 수 없었고, 개인 차원의 후원을 교회 차원으로 교우들과 함께하기로 결정하기에 이르렀다. 그러다 보니 개척 당시 "너희도 힘든 처지에 무슨 남을 돕느냐?"는 핀잔을 많이 들었다.

여기에 더해서 교회 앞에 쌀독을 놓았다. 내가 사는 곳

최영규

과 개척한 곳이 국민임대 아파트 단지여서 혹시 쌀이 필요하신 분들이 계실까 봐 비치해 두었다. 현재 우리를 돕는 분들과 교회들이 여럿 있고, 우리 교회에서 후원하고 함께 하는 곳도 여러 군데 있다. 물론 여전히 우리는 아직 '살아서' 이곳에서 잘 지내고 있다.

하나님 형상을 입은 VIP

사람에 대한 고민은 교회의 시스템에 대해서도 고민하게 했다. 레위기 25장을 보면 안식년과 희년에 관한 이야기가 나온다. 많은 사람들이 이 본문을 죽은 말씀으로 만들었지만, 성경을 사랑하고 사람을 사랑하는 이들은 이 말씀을 실천에 옮겼다. 강원도 태백의 예수원에서 시작된 성경적 토지정의를 위한 운동은 '희년함께'와 '토지＋자유연구소' 그리고 '희년은행'으로 흘러내려 왔다. 이들에게 레위기 25장은 현재진행형이다.

　우리 교회에는 모든 성도가 희년을 누릴 수 있게 하자는 취지에서 만든 여행프로그램이 있다. 교회 형편이 허락하는 한 가정 단위로 여행경비를 드린다. 안식년, 그리고 희년이란, 특정 계층의 사람들이 누리는 특별한 권리가 아니기 때문이다.

개척 당시 우리 교회 이름은 '삼송 VIP교회'였다. 이름을 이렇게 요상하게(?) 짓게 된 사연은 앞에서 소개한 대로 '사람'에 대한 여러 경험 때문이다. 특정한 개인이나 단체를 VIP(Very Important Person)로 대하는 세상의 흐름이 달갑지 않았기 때문이다. 사람 위에 사람 없고, 사람 밑에 사람 없다는 평소 소신 때문에 모두가 VIP로 대접하고 대접받는 세상을 꿈꾸는 마음에서였다. 또 한 가지 이유는 신학교 때 활동했던 제자훈련 동아리 이름이 'VIP'였기 때문이다.

모든 사람은 하나님의 형상이지 영원한 타자가 아니다. 땅에 있는 인간들이나 서로 구분하고 재단하지 우주적 차원에서 본다면 이 얼마나 하찮은 일이겠는가. 그리고 그런 인간을 감찰하고 계시는 하나님은 또 얼마나 마음이 아프시겠는가. 그분에게 인간이 얼마나 소중하고 존귀했으면 전능하시고 영원하신 신이 친히 사람이 되었겠는가?

예루살렘 문제와 분리장벽 문제로 지쳐 있는 팔레스타인 사람들도, 저 아프리카의 사막과 초원을 누비는 이들도, 고향을 떠나온 탈북이주민들도, 다양한 삶의 형태를 살아가는 저마다의 사람들 모두에게 이 말씀이 위로가 되기를….

최영규

하나님이 자기 형상

곧 하나님의 형상대로 사람을 창조하시되

(창세기 1:27)

모든 사람은 하나님의 형상을 입은 VIP이다.

인간이 얼마나 소중하고 존귀했으면
전능하시고 영원하신 신께서 친히 사람이 되었겠는가.

Photo by Clay Banks on Unsplash

젖뗀 아이와 같이 되기까지

——————— … 내 마음은 고요하고 평온합니다.
젖뗀 아이가 어머니 품에 안겨 있듯이,
내 영혼도 젖뗀 아이와 같습니다. …

(시편 131:1-3, 새번역)

김영봉

신학대학 강단에서 가르치던 시절, 깊은 영적 어둠을 만나 삶 전반의 침체를 겪으며 만성 두통에 시달리는 고통의 시간을 보냈다. 이 과정에서 하나님과의 깊은 사귐을 경험하며 새로운 영성 생활에 눈뜨게 된다. 이러한 영성 실험 이야기를 정리하여 《사귐의 기도》를 집필했고, 《사귐의 기도를 위한 기도 선집》을 비롯하여 많은 책을 썼다. 협성대학교에서 10년간 신약학을 가르쳤고 미국 와싱톤한인교회에서 11년간 목회했으며, 현재 와싱톤사귐의교회에서 사귐과 돌봄과 섬김이 풍성한 공동체를 세우는 일에 힘을 쏟고 있다.

우리 가족의 신앙 역사는 증조할머니에게로 거슬러 올라간다. 내 고향 충남 당진은 뱃길이 좋아서 초기 선교 과정에서 일찍 복음을 접했다. 증조할머니는 일제 강점기에 복음을 받아들이고 십 리도 넘는 길을 걸어다니며 신앙생활을 하셨다. 대가족 구조 안에서 여성 혼자 신앙생활을 한다는 것이 쉬운 일은 아니었다. 그럼에도 그분은 가족들의 반대와 박해를 무릅쓰고 믿음을 지키셨다. 그러다가 큰며느리를 맞았고 그를 믿음으로 인도하셨다. 두 분은 가문 전통에 따라 제사 때마다 음식을 준비해 상을 차려 놓고는 제사드리는 동안에는 부엌에서 따로 기도하셨다고 한다.

은사주의 신앙 전통에서 자라난 성장기

어머니는 시집오기 전부터 신앙생활을 하셨다. 증조할머니와 할머니는 내성적이고 소극적인 성격이었는데, 어머니는 외향적이고 적극적인 분이었다. 어머니가 시집오면서 집안에서의 신앙적 활동은 훨씬 활발해졌고, 그로 인한 갈등과 마찰도 심해졌다. 증조할머니와 할머니는 반대와 박해를 견디며 당신들의 신앙을 지키는 것에 만족했다면, 어머니는 가족 전부를 복음으로 인도하기 원하셨다. 어머니는 '온 가족 전도'라는 큰 목표를 이루기 위해 우선 자녀들을 신앙으로 양육하는 일에 마음을 다하셨다. 어릴 적 새벽녘에 가끔 잠에서 깨어나곤 했는데, 새벽기도회에 다녀오신 어머니께서 잠자고 있는 자녀들의 이마에 손을 얹고 기도하셨기 때문이다.

적극적이고 진취적이셨던 어머니의 신앙에 불을 지핀 것은 동네에서 일어난 성령 운동이었다. 고향에는 미군 부대가 있어서 그곳에 일을 얻어 이사 온 외지인들이 있었다. 그중에 성령의 은사로 충만했던 이가 있었다. 그는 목회자 못지않은 열정으로 동네 사람들을 모아 놓고 기도회를 인도했다. 그분이 인도하는 기도회에서는 방언, 통역, 신유, 축사 등의 은사들이 매일같이 일어났다. 그간 고향에서는 보지 못했던 일이었다. 어머니는 그분이 인도하는 기도회에 열심으로 참석하셨고, 은사도 받으셨다. 어머니의 방언 기도는 내가 지금까지 보아 온 은사자들의 방언 중에 가장 또렷한 언어였다.

기도회는 밤중에 돌아가면서 집에서 모였는데, 어두운 시골길을 여인이 홀로 다니는 것은 무서운 일이었다. 그래서 동행이 없을 때면 어머니는 나를 데리고 가셨다. 형은 중학교 입시 준비를 해야 했고 동생들은 너무 어렸다. 그로 인해 나는 초등학교 4학년을 마치고 인천으로 떠나기

전까지 어머니를 따라 그 기도회에 자주 참석했다. 기도회 중에 잠에 곯아떨어져 있다가 오는 경우가 많았지만, 깨어서 기도회에서 일어나는 일들을 지켜보기도 했다. 어머니는 자주 그 은사자 앞에 나를 꿇어앉게 한 다음, 안수 기도를 받게 했다. 이런 까닭에 나는 성령의 은사로 인해 일어나는 일들을 일상사처럼 보며 자랐다.

그즈음 할머니께서 인천으로 가셔서 방을 얻어 형과 삼촌을 공부시키고 계셨다. 나는 5학년 때 인천으로 전학하여 할머니와 함께 지냈다. 자연스럽게 할머니께서 나가시던 교회에 다녔는데, 당시 담임목사는 급격한 회심을 거치고 나서 은사 운동의 중심에 있던 분이었다. 그 교회에서는 두세 달이 멀다 하고 부흥회가 열렸고, 나는 학생 신분이었지만 자주 부흥회에 참석했다. 그러다가 중학교 2학년 때 예수 그리스도와의 인격적인 관계가 시작되었다. 그리고 그 자리에서 '하나님의 종'으로 헌신할 사람을 찾는 강사의 부름에 일어나 헌신을 다짐했다.

이렇듯, 나는 60-70년대 한국 교회의 체질을 형성했던 '하늘 보좌를 흔드는 기도'와 '능치 못함이 없는 믿음'을 추구하는 전통 속에서 자랐다. 하지만 동시에 청년기에 이르러 전투적 영성에 피로감을 느끼기 시작했다. 은사 운동

김영봉

에서 파생되는 여러 폐해를 보면서 회의가 찾아오기도 했다. 고등학교 졸업 후 신학교에 진학하려던 계획이 아버지의 반대에 부딪혀 나는 경영학으로 잠시 피신 중이었다. 그래서 대학 시절은 진지한 자기탐구(soul searching)의 기간이 되었다. 나의 영적 회의와 반성과 번민은 5·18 광주민주화 운동으로 인해 휴교령이 내려졌던 졸업반 때 절정에 이르렀다. 혼란의 시대에 나의 설 자리를 찾기 위해 안병무 교수의 《해방자 예수》를 읽었고, 그로 인해 식었던 신앙의 열정이 되살아났고 소명감도 회복되었다.

열정을 쏟았던 신학 공부의 나날들

신학대학원에 진학한 이후에는 어릴 때부터 체질로 형성된 은사주의적인 영성에 대한 강력한 도전을 경험했다. 내가 다녔던 신학대학은 자유주의적인 분위기가 강했고 신학적으로는 불트만(Rudolf Karl Bultmann, 1884-1976)의 비신화화 성서해석(신약성서의 신화론적 언어를 인간론적 또는 실존론적으로 재해석해야 한다는 성서해석방법론)이 지배하고 있었다. 그랬기에 내 신앙과 영성을 형성해 주었던 은사주의적인 체험에 대해 부정하거나 폄하하는 경향이 강했다.

　신학대학원에서 나는 한편으로는 내가 자란 전통을 신

학적으로 변증하려고 노력했고, 다른 한편으로는 약점을 보완하려 노력했다. 체험적 신앙의 바탕에서 비판적으로 사유하려 했고, 개인주의적 영성을 하나님 나라의 비전 안에서 재조명하려 했다. 초월적인 지평을 유지하면서도 역사적 책임을 다하려 애쓰는 한편, 미래적 종말론에 대한 소망을 견지하면서도 현재적 종말론을 살아가려 힘썼다. 신앙과 신학의 여러 스펙트럼 사이에서 균형을 잡고 조화를 이루는 것을 내 개인의 영성 생활과 신학의 주요 과제로 삼았다.

신학 공부를 하면서 나는 목회를 시작하기 전에는 10년의 준비 기간을 갖자고 스스로 다짐했다. 목회자들의 가장 큰 문제가 영적으로 그리고 신학적으로 충분히 준비되어 있지 않은 점이라고 생각했기 때문이다. 또한 신학을 공부하는 동안 교회 현장에 든든히 뿌리를 두어야 한다는 원칙을 세우고 지키려 했다. 신학과 체험, 이론과 삶이 병행되어야 한다고 믿었기 때문이다. 준비된 상태에서 10년 목회하는 것이 준비가 부족한 상태로 30년 목회하는 것보다 더 낫다고 생각했다.

아버지의 반대로 4년 늦게 시작한 신학 공부인 만큼 열정을 다했다. 좋은 목사로 준비되기 위한 공부였기에 지칠

김영봉

줄 몰랐고 신나고 즐거웠다. 그렇게 하다 보니 유학의 길이 열렸다. 나는 나의 소명이 목회에 있다고 믿었다. 따라서 유학은 나에게 학위를 취득하여 교수가 되기 위한 것이 아니라 목회자로 준비하기 위한 과정이었다. 그래서 세부 전공을 택할 때 신약신학을 택했고, 그중에서도 복음서 연구에 중점을 두었다. 신학을 시작할 때부터 내 관심사는 내가 주님으로 고백하는 예수 그리스도를 더 깊이 아는데 있었다. 하지만 신학대학원에서 들은 이야기는 "복음서를 통해 역사적 예수는 알 수도 없고 알 필요도 없다"라는 것이었다. 하는 수 없이 나는 복음서 편집비평(성경 본문에서 편집자의 의도와 신학을 파악하여 비평하는 작업)을 연구하여 석사 학위를 마치고 유학길에 올랐다.

미국에 와 보니 신학계의 흐름이 바뀌어 있었다. 신약학 연구는 불트만과 그 제자들이 형성해 놓은 회의주의에서 벗어나 있었고, 역사적 예수 연구(1세기 팔레스타인에 실재한 예수의 역사적 초상을 제공하려는 학문적 노력)가 다시 시작되고 있었다. 복음서 연구는 편집비평에서 이미 문학비평(성경 본문의 문학적 특징을 비평하는 작업)으로 이전되어 있었다. 이와 같은 새로운 흐름에 용기를 얻어 나는 역사적 예수 연구를 주된 연구 과제로 삼았다. 이 시기에 새롭게 형성되고 있던 또 다른 흐름 중 하나는 영성에 대한 관심이었다. 리처드 포스터, 달라스 윌라드, 헨리 나우웬, 유진 피터슨 같은 사람들이 중심이 되어 새로운 영성 운동을 이끌고 있었고, 신학교마다 목회학석사(M.Div.) 커리큘럼에 '영성 형성'(spiritual formation) 과목을 신설하고 있었다. 나는 역사적 예수 연구에 지적 노력을 기울이면서 틈틈이 영성에 대한 글을 읽고 책을 사 모았다. 지금 돌아보니 그것은 내 안에 꿈틀거리고 있던 영적 열망의 표현이었다.

학위 논문을 마칠 즈음, 내가 속한 교단 신학대학에서 교수로 와달라는 초청을 받았다. 당시만 해도 교수 자원이 부족할 때여서 그런 호사를 누렸다. 나는 1992년에 협성대학교에 부임하여 교수로 봉직하며 학위 논문을 완성하여 1993년에 심사를 통과하고 학위를 받았다. 언젠가 목회 현장으로 나가야 한다는 소명감을 마음에 품고, 신학 연구와 교육에 열심을 다했다. 교수로 일하는 동안에도 주말에는 목사로서 목회의 한 자락을 맡아 섬겼다. 내 신학이 현장성을 잃어서는 안 된다는 신념 때문이었다. 내가 속한 신학대학이 교단 신학교이다 보니, 학교 바깥에서 활동할 기회가 자주 생겼다. 나는 그것을 사명으로 받아들여 열심을 다해 섬겼다.

김영봉

깊은 영적 어둠의 시간

신학대학에 부임하여 5년 정도의 시간이 지났을 때, 나는 제동 장치가 고장 난 자동차처럼 활동하고 있었다. 내가 봉직했던 신학대학은 비교적 역사가 짧았기에 나는 신속하게 리더십 안으로 들어갔고, 교단 안에서의 요청도 점점 커졌다. 신학 공부를 시작할 때부터 교회 현장에 뿌리를 두고 살았기 때문에 교회 현장에서의 요청을 반겼고, 현장에 대한 감각이 살아 있어서 호응도 큰 편이었다. 그로 인해 인정받는 것에 서서히 물들어 갔고, 개인적인 삶은 분주한 활동으로 인해 피폐해졌다. 영적인 갈증이 심해지면 기도원에 가서 기도에 몰두했다. 그러면 어느 정도 영적으로 회복되었고, 그 힘으로 또 달렸다.

그렇게 하기를 반복하다가 마침내 깊은 영적인 어둠을 만났다. 그 어둠은 내 생활 전체를 침체의 늪으로 끌어들였다. 전에는 며칠 동안 기도원에 들어가 마음을 쏟아 놓고 나면 해결이 되었는데, 이제는 그조차도 효력이 없었다. 영적으로 무거운 무력감에 짓눌렸고, 껍데기만 남은 것 같았다. 학교 안팎에서의 활동은 여전했고, 긍정적인 호응도 여전했다. 하지만 왠지 연극하는 것 같은 느낌으로 인해 괴로웠고 믿지도 않는 것을 선전하는 것 같아 민망했다. 사랑하는 사람들과의 관계도 메말라 갔다. 딱히 문제가 있었던 것은 아니지만 문제가 없는 것도 아니었다. 또한 이 시기에 만성적인 두통에 시달렸다. 학교 일로 미국을 다녀올 때면 언제나 타이레놀 MS(maximum strength)를 사 왔고, 두통을 느낄 때마다 약을 털어 넣고 달렸다.

내가 총체적 위기에 직면해 있다는 사실을 자각하게 된 것은 하나님께로부터 받은 가장 큰 축복이다. 만일 이 영적 상황을 직시하지 않고 지나치려 했다면, 지금껏 위선과 허위의 가면을 쓰고 살았을 것이다. 그랬다면 지금쯤, 그 두꺼운 가면 뒤에서 뱀 같은 혀로 탐욕을 추구하며 침을 흘리고 있었을지 모를 일이다. 다행히도 나는 이대로는 더이상 지속할 수 없다는 생각에 이르렀다. 5년 정도가 지난 어느 해 겨울 방학, 모든 활동을 접고 자신을 돌아보는 시간을 가졌다. 영적 어둠을 해결하지 못하는 나 자신의 신앙생활에 대해 돌아보았다. 이 모든 문제가 나의 영혼에서 시작되었다면, 어떻게 영혼을 되살릴 수 있을지 고민했다. 그 해답을 찾기 위해 그동안 사 모았던 영성에 대한 책을 읽기 시작했다.

앞서 언급한 현대 영성가들의 글과 함께 아우구스티누스의 《고백록》, 파스칼의 《팡세》, 토마스 아 켐피스의 《그

김영봉

리스도를 본받아》 같은 영성 고전들을 성경 읽듯 매일 조금씩 정독하고, 묵상하고, 일기를 쓰면서 영성 생활에 대해 새로이 배워 나갔다. 아울러 신학대학원 시절에 매료되었던 다석 류영모 선생을 다시 찾았다. 김흥호 선생의 글과 박영호 선생의 글을 통해 다석 선생의 영성을 배우려했다. 이 시기에 이현주 목사가 정리한 《무위당 장일순의 노자 이야기》를 접했는데, 이 역시 나의 영성을 다시 형성하는 데 큰 영향을 주었다.

영성 전통에 대한 서양 고전과 현대 저술 그리고 한국적 영성을 전해 주는 글들을 섭렵하면서 나의 영성을 새롭게 정립하기 시작했다. 내 영적 어둠을 해결할 수 있는 단서가 거기에 있다는 확신이 들었기 때문이다. 나는 막 입문한 사람처럼 그동안의 신앙생활을 부정하고 영성의 걸음마부터 시작했다. 하나님 앞에 조용히 머물러 있는 데서부터 출발했다. 방학이 끝나고 개학이 되면 꼭 해야 하는 일만 해놓고는 기도에 몰두했다. 영성 훈련에 임하는 나의 태도에서 무엇인가 다른 점을 느낀 아내는 나의 영적 생활을 방해하지 않으려 애써 주었다. 나는 영성 고전의 가르침을 따라 묵상 기도, 침묵 기도, 향심 기도 등을 연습했고, 렉시오 디비나(Lectio Divina, 거룩한 독서)의 방식으로 말씀을 읽고 묵상했다.

이 시기에 나는 매일 아침 시편을 두세 편씩 소리 내어 읽고 나서 나 자신의 말로 바꾸어 기도드렸다. 그렇게 시편 전체를 반복하여 읽고 묵상하고 기도하면서 시편의 영성과 언어에 깊이 매료되었다. 그 과정에서 전에는 보지 못했던 진귀한 영성의 보물들을 시편에서 발견하게 되었는데, 시편 131편은 그중 최고였다. 나는 이 시편을 읽고 묵상하는 중에 내가 갈망하는 것이 무엇이며, 내게 결핍되어 있는 것이 무엇이고, 그것을 해결하기 위해 무엇이 필요한지를 발견했다. 그 이후로 시편 131편은 나의 애송 시편이 되었고, 가장 좋아하는 말씀을 묻는 질문에는 언제나 이 시편을 첫 손으로 꼽아 왔다.

내 인생의 시편

이 시편은 '성전에 올라가는 순례자의 노래'라는 표제가 붙어 있는 열다섯 개의 시편(120-134편) 중 하나다. 표제에서는 이 시편을 다윗에게 돌리고 있다. 다윗이 이런 기도를 올렸다고 생각하고 읽으면 여러 가지로 공감이 된다. 다윗은 한 나라의 임금으로서 위대한 업적을 남겼다. 그 일들을 이루기 위해 수많은 나날을 잠 못 이루며 지냈을

김영봉

것이며, 온 생명을 불사를 정도로 힘썼을 것이다. 그 모든 노력은 내적인 만족을 얻기 위한 발버둥이었을 것이다. 하지만 이스라엘 역사상 유례없을 정도로 영토를 넓히고 모두가 두려워하는 패자로 등극했음에도 그에게는 만족이 없었다. 밧세바 사건은 그의 내면적인 공허감이 얼마나 컸는지를 보여 주는 하나의 예다.

이 시편이 다윗의 것이라고 전제하고 말하자면, 그는 하나님과의 친밀한 관계에서 비로소 내적인 만족과 안식을 얻었다. 그래서 그는 이렇게 고백한다.

주님, 이제 내가 교만한 마음을 버렸습니다.
오만한 길에서 돌아섰습니다.
너무 큰 것을 가지려고 나서지 않으며,
분에 넘치는 놀라운 일을 이루려고도
하지 않습니다.

(시편 131:1, 새번역)

시편에서 '교만'은 자신을 스스로 하나님으로 자처하는 마음을 가리킨다. 다윗은 자신도 모르는 사이에 하나님의 자리에 앉아 있는 자신을 발견한 것이다. 하나님을 떠나 하나님의 자리에 앉으면 에고(ego)는 분수없이 부풀어 오른다. 부풀어 오른 자아는 끊임없이 만족시켜 줄 것을 구하지만 온전한 만족이란 불가능하다. 채우는 만큼 더 부풀어 오르기 때문이다. 다윗은 그 자아를 만족시키기 위해 큰 것을 얻으려 했고 분에 넘치는 놀라운 일을 이루려고 분심했다. 그 결과, 더 큰 불만족감에 시달려야 했고 사랑하는 사람들에게 상처를 주었다. 그리고 그 끝에는 탈진과 깊은 어둠이 기다리고 있었다.

다윗은 그 문제를 하나님과의 친밀한 사귐 안에서 해결받았다. 어떤 경위로 하나님의 품으로 돌아왔는지는 모른다. 하지만 자기 자신과 사랑하는 사람들을 들볶으며 이루려 했던 그것이 하나님과의 관계 안에 있다는 사실을 체험했다. 그래서 그는 이렇게 말을 잇는다.

> 오히려, 내 마음은 고요하고 평온합니다.
> 젖뗀 아이가 어머니 품에 안겨 있듯이,
> 내 영혼도 젖뗀 아이와 같습니다.
>
> (시편 131:2, 새번역)

이것은 실제로 하나님과의 친밀한 사귐을 경험해 본 사람

김영봉

만이 생각해 낼 수 있는 기가 막힌 비유다. 젖먹이 아이는 어머니 품에서 보채기 쉽다. 그는 어머니에게 무엇인가를 구한다. 하지만 젖뗀 아이는 아무것도 구하지 않는다. 어머니의 품에 안겨 있는 것 자체로 충분하다. 어머니의 체온을 느끼고 어머니의 분향을 맡고 어머니의 숨소리를 듣는 것으로 만족한다. 다윗은 오랜 세월 동안의 영적 생활 끝에 하나님의 현존 안에 머물러 있는 법을 배웠다. 그리고 그 관계 안에서 자신이 오래도록 갈망해 오던 것을 찾았다. 그것을 찾고 나니 그를 괴롭히고 분심하게 했던 욕망들이 고개 숙이는 것을 경험했다.

그 이전에도 다윗은 하나님을 알았고 그분을 섬겼다. 하지만 그가 하나님을 대하는 것은 젖먹이 아이가 어머니를 대하는 것과 유사했다. 그는 채워지지 않는 자신의 탐욕을 채우는 도구가 되어 주기를 하나님께 구했다. 그 간구가 이루어지지 않으면 탄식하며 기도했고 때로는 원망하며 분노를 쏟아 내기도 했다. 그는 하나님에게서 만족을 찾지 못했다. 그분의 능력으로 자신이 원하는 것을 얻어야 만족했다. 하지만 그 만족은 금세 불만족으로 바뀌었다. 그 만족감은 오직 하나님에게서만 얻을 수 있는 것이었기 때문이다. 그래서 그는 마지막으로 독자들에게 이렇게 권고한다.

이스라엘아,

이제부터 영원히

오직 주님만을 의지하여라.

(시편 131:3, 새번역)

아우구스티누스가 《고백록》에서 "하나님께서는 우리를 당신 자신을 위해 지어 놓으셨기 때문에 우리는 하나님에게 돌아갈 때에야 비로소 안식을 얻습니다"라고 했는데, 이것은 시편 131편을 요약한 말이라 할 수 있다. 아우구스티누스도 하나님의 현존 안에서 진정한 만족과 안식을 발견했기에 이렇게 썼고, 이 문장이 《고백록》의 가장 유명한 구절로 회자되는 이유는 수많은 사람들이 같은 경험을 했기 때문이다. 나도 그 무리 가운데 한 사람으로서 이 체험을 간증할 수 있게 된 것은 더없는 영광이요 축복이다. 나는 이 시편을 읽으면서 그동안의 영성 훈련을 통해 내가 어디에 이르렀는지를 확인할 수 있었으며, 시편 131편은 지금껏 내 영적 생활에서 가장 중요한 이미지가 되고 있다.

새로운 영성 생활에 눈뜨다

은사주의적인 신앙 배경에서 형성된 나의 영성이 새로운

김영봉

실험을 통해 변모하고 제 모습을 가지게 되기까지 3년 정도 걸렸다. 비유하자면, 새로운 영성 생활을 통해 나의 존재는 하나님의 영토에 든든히 심기었다. 그로 인해 영적 갈급함은 해소되었고 웬만해서는 흔들리지 않는 평안이 내 안에 자리 잡았다. 내면이 하나님에게 조율되면서 나의 생활에 전면적인 변화가 일어났다. 더 이상 사람들의 인정에 이끌려 다니지 않았다. 과거에는 향방 없이 다니며 나를 소모했지만, 이제는 나 자신의 영성을 지키는 일에 더 관심을 두게 되었다. 하나님 앞에서 무엇인가를 구하는 기도를 줄이고 깊은 사귐을 추구하는 일에 시간을 쏟았다. 그로 인해 분주하게 갈팡질팡하던 내 걸음은 견고한 걸음으로 변화되었다. 언제부터인가 두통이 사라지고 그 이후로 지금까지 두통약을 사본 적이 없다. 피곤하거나 두통이 있다 싶으면 하던 일을 멈추고 쉬었고 하나님 앞에 머물러 앉았다.

일을 대하는 태도에도 변화가 일어났다. 나의 연구와 가르침과 설교는 영성 생활의 일부가 되었다. 사람들로부터 인정받는 것은 더 이상 목적이 아니었다. 사람들의 인정을 받는 것이 오히려 불편해지고 거북해졌다. 그 대신 하나님 안에 뿌리내리고 그분의 뜻을 따르고 그분의 뜻을 전하는 것이 목적이 되었다. 무엇을 하든 하나님의 영광을 위해서 하라는 사도 바울의 말씀이 일상의 과제가 되었다. 로렌스 형제가 달걀부침을 뒤집을 때조차 하나님의 영광을 위해 했다는 말을 마음에 새기고 그대로 행하기 위해 노력했다. 그렇게 하다 보니, 일 자체로부터 보람과 의미를 경험했다. 일을 하면서 탈진되는 것이 아니라 오히려 영적으로 충전되었다.

무엇보다 두드러진 변화는 관계에서 일어났다. 학교에서 학생들을 대하는 나의 태도가 달라졌다. 한 사람 한 사람을 절대적 가치를 가진 존재로 경외심을 가지고 대했다. 수업에서의 태도에도 변화가 일어났다. 과거와 동일한 내용의 지식을 전달하였음에도 학생들은 설교를 듣는 것 같다는 응답을 해왔다. 가족들과의 관계에도 변화가 일어났다. 문제없음에 만족하는 것이 과거의 태도였다면, 사랑의 관계에서 더욱 깊어지는 것이 목표가 되었다. 동료 교수들도 나의 태도에서 변화를 느끼고 물어 왔다. "당신에게서 뭔가 달라진 것을 느끼는데 딱히 무엇이라고도 말할 수 없으니, 그게 뭡니까?" 이런 질문을 받고 내가 바르게 가고 있다는 사실을 확인했다. 나는 여전히 흠 많고 때로 유혹에 넘어지기도 했지만 지향하는 방향이 분명했고 작지만

김영봉

분명한 진보를 경험했다.

　이렇게 전면적인 변화를 경험하고 보니, 너무도 많은 사람들이 나와 같은 상태에서 방황하고 있었다. 학교에서 학생들이 가끔 찾아와 영적인 고민을 털어놓곤 했는데, 그들의 문제가 과거의 내 문제와 동일했다. 그들을 돕기 위해 나의 영적 실험에 대한 이야기를 해주고 싶었다. 그래서 쓴 책이《사귐의 기도》다. 이 책을 출간할 당시, 저자인 나도, 출판사 편집부도 별 기대를 하지 않았다. 하지만 출간된 이후 이 책은 조용히 독자들을 끌어들였고 스테디셀러로 자리매김했다. 이것은 내가 한국 교회의 전통에서 자라면서 경험했던 문제들을 다른 사람들도 겪고 있었다는 방증이다.

　이상에서 보듯, 내 인생의 첫 40년은 한국 교회의 전형적인 영성의 풍토 안에 있었다. 하지만 중년기에 들어 책을 통해 훌륭한 영성의 교사들을 만났고, 내 영성에 깊은 변화를 경험했다. 나는 그것이 내 인생에 일어난 가장 복된 사건이며 가장 중요한 영적 체험이라고 생각한다. 그로 인해 성취를 향한 숨찬 뜀박질로 비유할 수 있었던 나의 첫 40년을 뒤로하고 이후로는 하나님 안에서 발견한 만족과 안식을 누리며 하나님께서 나를 인도하시는 길을 신실하게 따라 살기 위해 힘써 왔다. 이런 변화가 없었다면 교수직을 내려놓고 목회 현장으로 돌아오지 않았을 것이고, 대형교회에서의 안정된 자리를 내어놓고 개척의 자리로 내려오지도 못했을 것이다.

지난 20여 년 동안 하나님께서 원하시는 일이다 싶을 때마다 작아지고 낮아지고 물러설 수 있었던 것은 엄마 품에 안긴 젖뗀 아이의 영성을 추구해 온 까닭이라고 생각한다. 그러한 나의 노력에 성령께서 은혜를 주신 것이다. 그래서 숨이 다할 때까지 이 평안과 안식의 토대 위에서 주님께서 맡기시는 일을 신실하게 섬기는 것이 나의 가장 큰 소망이다.

김영봉

3부
우리가 그의 영광을 보니

청소년부 교사는
어쩌다 어수룩한 목사가 되었나

--------- 야곱아, 너를 창조하신 여호와께서 지금 말씀하시느니라.
이스라엘아, 너를 지으신 이가 말씀하시느니라.
"너는 두려워하지 말라.
내가 너를 구속하였고 내가 너를 지명하여 불렀나니
너는 내 것이라."

(이사야 43:1)

이승한

미국 컬럼비아 대학을 졸업한 후 5년 동안 뉴욕에서 도시계획가로 일하던 중 목
회의 길을 걷기로 결심, 고든콘웰 신학대학원에서 공부하고 목사 안수를 받았다.
보스턴에 새언약장로교회(New Covenant Presbyterian Church)를 개척하여 목회했
으며, 40년에 걸친 이민자의 삶을 뒤로하고 2016년 10월 경기도 군포시의 산울
교회 담임목사로 부임하여 목회했다. 예수님 없이는 한시도 살 수 없는 죄인임을
날마다 고백하며 산다.

"너 목사 만들려고 미국 온 것 아니다."

부모님은 이미 세상을 떠나셨다. 그런데 아직도 불쑥 실망과 허탈을 감추지 못하셨던 부모님의 음성이 들려오곤 한다. 일제시대에 태어나신 부모님의 출생지는 이북이다. 해방 후 6·25 전에 남한으로 내려오신 아버지는 신문기자였다. 그러다가 1970년대 중반에 미국으로 이민을 가셨다. 그때 내 나이는 열네 살. 덕분에 미국 사람들도 부러워하는 명문대학을 나왔고 뉴욕시에서 도시계획가로 살았다.

"목사라야 하나님 섬길 수 있냐?"

대학에서 만난 자매와 결혼하여 첫아들을 낳고 5년 동안 직장생활을 하던 중 신학교를 가겠다는 결심을 부모님께 말씀드렸다. 그때 부모님은 마치 당신들의 꿈이 깨진 듯 말리셨다. 온갖 하소연에 눈물까지 쏟으며 만류하시고 집안이 한바탕 난리가 났다. 그 시절에 한국을 탈출하듯 이민을 가신 부모님 마음에 못질을 하면서까지 목사가 됐지만, 부끄럽기만 한 죄인의 글도 도움이 되었으면 하는 생각으로 심경을 적어 본다.

당시 나를 달래면서 부모님이 하신 말씀이 있다.

"꼭 목사라야 하나님을 섬길 수 있냐?"

이승한

그냥 직장에 조금 더 다니다가 박사과정도 마쳐서 사회에 필요한 인재가 되면 좋겠다고, 구걸하듯 말씀하시던 부모님 모습이 눈에 선하다. 그 심정이 얼마나 힘드셨을지, 지금 와서 마음 아파해도 부질없는 듯하여 겨울 동토보다 시리게 마음이 얼어붙는다. '은혜 받으면 다 목사 되는 게 정말 하나님 뜻이냐'며 거듭 말리시던 부모님이 솔직히 많이 그립다.

그때는 그렇게 반대하시는 부모님이 믿음이 없어서 그렇다고 생각했다. '기복신앙'에 젖어서 말리시는 거라 생각하여 매정스럽게 다른 주로 이사를 하면서도 한 치의 죄송함이 없었다. 요즘 들어 지난날의 그런 모습을 생각할 때면 돌아가신 부모님에게 미안한 마음을 지울 수 없어 쓴웃음이 난다.

'그러게요, 어머니…. 지금 생각하니 꼭 목사라야 하나님을 섬길 수 있는 건 아닌데 왜 그때는 그토록 목회자가 되려고 했을까요?'

"하나님, 교역자를 보내 주세요…"
잘 다니던 직장을 그만두고 신학교를 가려고 결심한 이유 중 하나는 청소년부 아이들이었다. 1980년대 미국 이민 교회에는 이중 언어를 구사하는 젊은 교사가 많지 않았다. 게다가 당시 청소년부 아이들의 부모님들은 교회의 중직 자들이었는데, 아이들에게 비친 부모님과 교회의 모습은 너무도 이중적이고 위선적이었다.

"Hey…, Can I ask you a question?"(저기…, 뭐 하나 물어 봐도 돼요?)

청소년부 교사인 내게 수줍게 다가오던 아이들과 대화 를 하면서 많은 한계를 느낄 수밖에 없었다. 그것은 젊은 청년 집사가 도울 수 있는 간단한 문제가 아니었다. 할 수 있는 건 기도밖에 없었다.

"하나님, 이 아이들을 잘 보살펴 줄 교역자를 보내 주세 요."

그런데 기도라는 게 참 거시기하다. 청소년부 아이들을 잘 돕고 이끌어 줄 교역자를 보내 달라고 구했더니 하나님 은 내 기대와는 전혀 다르게 응답하셨다.

'승한아, 어째서 너는 네 일을 다른 사람에게 맡기려 하 니?'

전혀 예상치 못한 '기도 응답'을 놓고 1년을 고민했던 것 같다. 질문과 간구로 시작된 대화는 한 사람을 목회자 로 부르시는 통로였다. 문득 그때 그 아이들은 지금 어디서 어떻게 살고 있는지 궁금해진다. 잘 살고들 있겠지? 내 인생을 이렇게 만들어 놓은(?) 녀석들도 이제는 한 교회의 중직자가 되어 신앙생활을 잘하고 있을 것만 같다.

"목사님이시죠?"

미국에서 살 때 한국에 가끔 들를 일이 있으면 남대문시장에 가서 아이들 선물로 티셔츠 같은 것을 사 가곤 했다. 그 시절 어느 가게에서 물건을 구입하다가 좀 깎아 줄 수 없느냐는 얘기를 꺼내자 장사하시던 분이 대뜸 물었다.

"목사님이시죠? 딱 보니까 목사님으로 보이네요."

그러면서 자기도 교인인데 그렇게 깎아 주면 남는 게 없다고 하셔서, 순순히 부르는 값대로 다 계산하고 나왔다. 당시는 이미 교역자로 섬기던 때이긴 했지만, 깜짝 놀랐다. 아직도 그분이 내 직업을 어떻게 단박에 맞추셨는지 궁금하다.

내 마음속에서는 여전히 스스로를 교회 권사님들과 수다 떠는 시간을 즐거워하는 청년 집사로 여기고 있었는데, 단박에 목사라고 부르는 말에 망연자실한 심정마저 들었다. 아마도 목사보다는 성도 누구에게나 편안한 형제로 다가가려고 나름 노력해 온 것이 수포로 돌아간 듯한 마음이

들었던 모양이다.

'목사'라는 옷이 하루도 편하게 느껴진 적이 없는 사람에게 남대문시장 아줌마의 통찰력은 신기했다. 내 옷이 아니라 몸에 안 맞는 빌린 옷을 입은 것처럼 어색하고 불편하기만 한 그런 목사여서 그랬는지도 모를 일이다. 수줍게 다가온 청소년들과의 대화 속에서 누군가 이들을 섬겨야하지 않겠는가 하는 고민으로 스스로 부담을 떠안아 버린 어수룩한 목사여서 말이다.

한인 교회에서 청소년들과 차세대를 위한 목회를 담당하다 보니 영어권 목회를 했다. 요즘은 2세 목회자들이 많지만, 당시에는 나 같은 1.5세 목회자들이 영어권 목회 선구자처럼 여겨질 정도로 드물었다. 그렇게 한인 교회에 속한 영어 회중이 나중 독립된 교회로 성장하는 데 거들 일이 있었던 것이 감사하기만 하다. 청소년들이 청년이 되고 청년들이 결혼하여 기성세대가 되어 갈 때도, 나는 교회에서 가장 나이 많은 사람으로서 그들과 함께했다.

그러던 중 차세대에게 복음을 전하기 위해서는 그들의 부모에게도 복음을 전할 필요가 있겠다고 생각하여 영어교회에 한국어 목회를 더하였다. 그러다가 뉴욕의 한 대형교회에서 한국어 목회를 하는 것을 '하나님 뜻'으로 받아들였다. 이것이 한국으로 오게 된 계기가 아닌가 싶다.

남은 바람은 '부끄럽지 않은 목사' 되는 것

도시계획가라는 직업을 그만두고 목사가 되었을 때 "왜 목사가 되었나요?"라는 질문을 많이 받았다. 그런데 요즘에는 "왜 굳이 한국으로 왔나요?"라는 질문을 많이들 하신다.

부모님이 두 분 다 돌아가셨을 때 공허한 마음에 모국이 무작정 그리웠고 영어권 차세대를 섬기기 위해서 한국어권 이민 교회를 섬겼던 이유처럼, 이민 교회를 잘 섬기려면 한국 교회를 더 잘 섬겨야 한다는 생각이 나의 부르심이라 믿고 싶다.

이 지면을 통해 부모님께 용서를 빌고 부모님 말씀이 옳았다고 말씀드리고 싶었다. 하지만 내가 목사가 되었을 때 부모님이 나를 자랑스러워하셨듯이 앞으로도 부끄럽지 않은 목사가 되는 것이 이제라도 내가 할 수 있는 일이다 싶어 감사한 마음이 가득하다. 부모 마음을 아프게 했음에도 결국 자식의 학비를 대주시고 목사 아들을 대견해하신 마음을 통해 조금이나마 하나님의 마음을 이해할 수 있어서 감사한 아침이다.

야곱아, 너를 창조하신 여호와께서

지금 말씀하시느니라.

이스라엘아, 너를 지으신 이가 말씀하시느니라.

"너는 두려워하지 말라.

내가 너를 구속하였고

내가 너를 지명하여 불렀나니

너는 내 것이라."

(이사야 43:1)

이승한

상처 입은 치유자로
다시 일어서기까지

———— 내가 너를 기뻐하노라.

(마가복음 1:11)

이진혜

교회 성폭력을 비롯하여 우리 사회 내 다양한 형태의 폭력을 예방하는 통합적 젠
더의식 교육 및 사회통합 사업을 펴나가는 '기독교위드유센터' 대표를 맡고 있다.
교회 성폭력 피해자로서, 매 순간 하나님의 도우심을 구하며 상처 입은 치유자의
길을 묵묵히 가고 있다.

초등학교 시절 엄마 따라 교회를 다니던 나는 뭐든 열심이었다. 기도원까지도 부지런히 따라다녔다. 그러다 엄마는 자신을 전도했던 집사님에게 큰 배신을 당했고 그 상심으로 교회를 떠나게 되었다. 나 역시 그 무렵 주일학교 선생님한테 큰 실망을 했던 터라 엄마와 함께 자연스레 교회를 떠났다.

그렇게 교회로부터 멀어지고 20여 년의 세월이 흐른 뒤, 나는 남편을 만나 다시 교회를 다니게 되었다. 남편이 좀 더 교회에 열심이었다. 그래서일까. 남편 바짓가랑이만 붙들고 따라가기만 하면 어떻게든 구원받겠지, 천국에 이르겠지 하고 막연히 기대하면서 신앙생활에 그다지 열심을 내지 않았다. 여기에는 아쉬울 게 별로 없던 삶도 한몫했다. 그렇게 삶에 나름 만족하며 10년여를 보냈다.

"엄마, 은혜받아야 해"

난임으로 결혼 10년 만에 아이를 낳은 후 마땅히 맡길 곳이 없어 남들이 부러워하는 직장을 퇴사하고 말았다. 게다가 남편이 부산으로 발령이 나서 홀로 육아를 감당했다. 그에 더해 여러 가지 힘든 일이 폭풍처럼 덮쳐들었다. 그리고 그때까지 안온한 삶을 영위하던 내게 극도의 우울증

이진혜

이 찾아왔다. 내적 좌절, 허무감, 고통 가운데 사로잡혀 삶의 의지를 상실한 지경에 이르렀다. 그러다 문득 여태껏 경험하지 못했던 신을 만나고 싶은 간절함이 생겼다. 죽을 때 죽더라도 하나님이 계시는지 한번 느껴 보고 싶었다.

당시 내가 다니던 교회는 한 달에 한 번 수양관에서 정기적인 신유집회를 열었다. 주일마다 주보에 광고가 나왔지만 주의 깊게 보지 않았었다. 그런데 그 광고가 이날따라 눈에 띄었다. 평소 성경공부에 열중하고 간절히 울며 기도하던 남편 모습을 나는 도무지 이해할 수 없었다. 그러던 내가 지푸라기라도 잡고 싶은 심정으로 하나님을 찾았다. 어디든 찾아가야 하나님을 만날 수 있을 것 같았다.

2009년, 아들이 다섯 살 때였다. 코로나19 사태처럼 당시 신종플루라는 전염병이 유행했다. 유명 연예인의 일곱 살 아들도 신종플루로 사망했을 정도로 온 국민이 지금처럼 긴장하던 시기였다. 기도원 집회가 있던 날 수양관으로 가려고 아이를 카시트에 태우자, 갑자기 엄청난 양의 구토를 시작했다. 열이 39도까지 치솟았다. 집에서 씻기고 나서 카시트에 다시 앉혔는데 구토는 멈추지 않았다. 한참을 괴로워하던 아들이 설핏 한마디를 던졌다.

"엄마, 가서 은혜받아야 해."

그 말을 듣는 순간 이상한 결기가 생겼다.

'이게 혹시 악한 세력의 방해인가? 사탄이 하나님을 못 만나게 막는 건가? 그렇다면 그냥 물러설 수는 없어.'

그렇게 아이와 함께 출발했다. 그런데 놀라운 일이 일어났다. 집회 장소에 도착하자 아이의 열이 정상으로 돌아와 있는 게 아닌가.

극적인 기쁨 뒤 극한의 고통

집회는 3박 4일 일정으로 진행되었다. 설교와 기도, 그리고 아픈 이들에게 안수하는 순서가 대부분이었다.

첫날 둘째 날은 별다른 감흥이 없었다. 실망스러웠다. 집으로 돌아가면 교회에도 나가지 말아야겠다고 생각하며 지루한 시간을 억지로 참았다. 그리고 마지막 날 저녁, 설교자의 메시지가 이상한 강렬함으로 와닿았다.

"예수는 하나님의 기쁨이고, 그 기쁨이 우리 안에 있습니다. 그래서 우리가 기쁜 것입니다."

그리고 성경의 이 한 말씀.

내가 너를 기뻐하노라.

(마가복음 1:11)

이진혜

이 짧은 구절에서 '기쁨'이라는 단어가 가슴 깊이 파고들었다. 충격이었다.

'나는 지금 너무나 슬프고 고통스러운데 왜 기쁨이란 단어가 이토록 깊이 와닿는 걸까?'

이해할 수 없었다. 설교가 끝나고 회개기도 시간이 이어졌다. 그러나 어릴 적 기억까지 끌어와 잘못한 일들을 떠올리며 억지로 쥐어짜도 5분을 넘기지 못했다. '그건 내 잘못이 아니고 다 누구누구 때문이야'라는 원망만 나오고 도무지 회개가 나오지 않았다. 그래서 다시 기도했다.

'저의 죄가 뭔지 떠오르게 해주세요.'

그러자 잠시 후 도저히 용서할 수 없었던, 미움, 아니 증오의 대상들이 떠올랐다. 동시에 눈물이 왈칵 쏟아졌다. 무엇보다도 삶을 놓아 버리려 했던 나 자신이 주님 앞에 부끄럽고 죄송스러웠다.

오랜 시간 울며 기도했다. 정말이지 평생 흘릴 눈물을 모두 쏟은 것만 같았다. 그렇게 한참을 울었을 때, 한 음성이 또렷하게 들려왔다.

"내가 너를 기뻐한다."

너무 놀란 탓에 눈을 뜨고 주위를 둘러보았다. 이상하고 생소한 경험이었다.

'하나님의 기쁨은 예수님 차지 아니었나. 하나님이 나를 기뻐하신다고?'

이해되지 않았지만 황홀했다.

그때부터 나의 본격적인 신앙생활이 시작되었다. 성경 공부 모임에 열심히 나갔고, 아이를 데리고 기도실에서 살다시피 했다. 봉사, 전도 등 교회에서 할 수 있는 모든 헌신을 최선을 다해 열심히 했다. 그 모든 열심의 목적은 내가 주님의 기쁨이 되기 위함이었다.

그러다 2016년, 신앙생활에 커다란 위기가 찾아왔다. 내가 다니던 교회는 전성기 시절 몇만 명이 출석할 정도의 초대형교회였다. 그러나 담임목사의 성폭행, 성추행 사실이 담긴 이른바 'X파일'과 재정 비리가 공개되어 교회 분열을 맞았다. 그 결과 2017년 3월 초엔 교인 수가 8천여 명으로 감소했다. 교회는 담임목사에 반대하는 개혁 성향의 교인 6천여 명과, 그를 여전히 지지하는 교인 2천여 명으로 양분된 채 분열과 대립이 계속되었다.

2016년, 나는 기도를 해주겠다며 과도한 스킨십을 시도한 담임목사를 고소했다. 당시엔 기도를 빙자한 추행이라고는 생각지 못했다. 그러나 그것은 엄연한 성추행이었다. 방송 뉴스를 통해 담임목사의 실명이 거론되며 성추행 사

이진혜

실이 폭로되었다. 경찰에서 기소의견으로 넘겨져 담임목사의 처벌을 자신했던 사건은 검사의 이해하기 어려운 수사로 불기소 처분을 받고 말았다. 1년여 간의 피 말리는 법정 싸움으로 내 영혼은 황폐해졌다. 정신과 치료를 받아야 했고, 담임목사를 지지하는 이들로부터 살해 위협까지 받았다. 교회를 오갈 때마다 조롱과 야유를 들어야 하는 건 덤이었다.

상처 입은 치유자로 일어서기까지

미투 사건의 대부분은 가해자를 비난하며 피해자를 긍휼히 여긴다. 하지만 교회 내 성폭력을 폭로한 미투는 다르다. 가해자를 두둔하며 오히려 피해자를 비난하는 분위기다. 악을 미워하고 공의를 행해야 할 교회가 오히려 악한 자를 두둔하는 게 아픈 현실이다. 게다가 수사기관은 남성 중심의 성인지(性認知), 종교기관에 대한 이해 부족 등으로 교회 내 권력형 성범죄에 세밀한 접근을 하지 못했다.

매일 매 순간이 지옥이었다. 심장 박동 소리가 끊임없이 귀에 들려올 정도였고 통증으로 괴로웠다. 기도도 나오지 않고 말씀도 들리지 않았다. 하나님을 의심하고 원망했다.

'그때 들었던 음성은 대체 뭐였나요? 왜 하필 저입니

까?'

그러나 하나님은 침묵하셨다. 기도원에서 경험한 그 기쁨은 더 이상 찾을 수 없었다. 그분은 분명 나를 기뻐하신다고 하셨건만, 당시의 나는 하나님이 전혀 기쁘지 않고 오히려 부담스러웠다. 하나님은 그냥 하늘의 경찰관 같았다.

'주님, 잠깐만 눈감아 주시면 안 될까요? 저 좀 제 의지대로, 마음대로 살게 내버려 두세요.'

그때 나는 생각했다. 지난날, 철저히 기쁨이 탈색된 상황에서 '기쁨'이라는 단어가 내 가슴속 깊이 울렸던 이유는 무엇일까. 당시 나는 하나님과의 동행에 충실하지 못했다. 신앙생활에 열심을 내던 남편을 나무랐고, 직장생활에서 오는 성취감에 도취되어 있었다. 그런데 왜 하나님은 그런 나를 기뻐하신다고 했을까? 하나님을 꼭 한 번 만나 보겠다는 간절함 때문이었을까? 아님, 진정 어린 회개의 결과였을까?

그 이유는 지금도 알 수 없지만, 분명한 건 하나님의 음성을 들었다는 것, 이후로는 정말 그분의 기쁨이 되려고 착실히 신앙생활을 했다는 사실이다. 그래서 더 의문이었다. 그런데 왜, 내가 이런 시련을 겪어야 하는 걸까?

절망과 비탄의 질문만 남은 내게 교계 목회자들은 '기독

이진혜

교위드유센터' 설립 참여 제안을 했다. 센터의 설립 취지는 '미투 운동'에 '위드유'(with you)로 응답할 뿐 아니라, 다양한 형태의 폭력을 예방하는 통합적 젠더의식을 교육하고 다문화가정 및 탈북이주민을 지원하는 사회통합 사업을 펴나가며 연대하자는 것이었다. 처음엔 화가 났다. 내 상처도 아물지 않았는데 대체 누구를 돕는단 말인가? 그러나 주변의 끈질긴 설득과 도움에 힘입어 어렵게나마 설립 과정에 뛰어들게 되었다.

하지만 시련은 멈추지 않았다. 설립 3개월이 될 즈음, 센터 설립과 운영 과정에 내가 이용당하고 있다는 사실을 알게 되었다. 그때 느낀 고통과 절망은 더 말해 무엇할까. 그럼에도 이대로 누워 있을 수만은 없다는 자각이 나를 붙들었다. 응원하고 지지해 주는 후원자들에게 차마 그만두겠다는 말을 할 수 없었다. 교계 여성단체, 사회단체를 일일이 찾아다니며 도움을 구했고, 함께 연대할 것을 요청했다. 다행히 지금은 조금씩 회복해 가면서, 교회 내 성폭력으로 상처받은 피해자들의 상담과 치유 프로그램을 진행해 나가고 있다. 내 고통을 위무하고 교계 상황을 잘 알고 도와준 이사님들을 만난 덕분이다.

하나님으로 기뻐하는 삶

기독교위드유센터 사역을 시작한 이래 지금까지 많은 고난과 아픔이 따라왔다. 그 과정에서 수시로 왜 하필 나였느냐면서 펑펑 울며 기도했다. 울음이 쌓이고 쌓이던 어느 날이었다. 그토록 오래 침묵하시던 하나님이 내 영혼 깊은 곳에서 말씀하셨다.

'내가 십자가 위에서 피 흘리며 죽어 갈 때, 열한 제자들은 문빗장을 걸어 잠그고 숨어 있었다. 그러나 나와 함께한 여인들은 무덤까지 함께했다. 그래서 영광스러운 부활의 첫 소식을 전하는 일에 부름 받은 건 그녀들이었다. 앞으로도 이와 같이…'

그 순간, 오랫동안 풀리지 않던 기쁨에 대한 의문이 해소되었다. 주님은 연약한 자들, 그러면서 주님의 고난에 끝까지 함께하는 자들을 기뻐하신다는 것을 알게 되었다. 이후 내 신앙생활을 성찰하기 시작했다. 그동안의 절망과 상실, 고통과 실패 가운데서 내게 진정으로 소중한 것이 무엇이며 무가치한 것은 무엇이었는지 분별하기 시작했다.

내게 닥쳐온 어려운 일은 오늘도 현재진행형이지만 기쁨이신 예수님이 내 안에 계셔서 더 이상 불안해하지 않는다. 그 바탕에는 내가 가는 길을 그분이 지지해 주신다는

이진혜

무의식적인 안정감이 있다. 솔직히 내 삶의 이야기를 하기가 여전히 부담스럽다. 그러나 지금도 내 안에서 역사하시는 성령께서 모든 상황과 사건 속에서 그리스도를 체험토록 역사하신다고 믿기에 조심스레 용기를 내어 본다.

앞으로도 나는 계속 주님으로 인해 기뻐할 수 있을까? 내가 추구하는 모든 일이 실패로 돌아가도 기뻐할 수 있을까? 온전히 자신할 수는 없다. 이런 질문들이 하루에도 몇 번씩 마음을 헤집지만, 내가 아무것도 할 수 없으며 무능력하다는 것을 깨닫고 모든 것을 내려놓을 때 마음이 평안해진다. 그리고 그때에야 비로소 모든 게 가능하다는 믿음이 스며든다. 그리하여 좌절, 허무감, 고통, 현실의 가혹함 속에서도 주님께 전적으로 의지하면서 희망을 발견하려는 노력을 거듭해 나갈 수 있다. 그렇기에 모든 면에서 부족한 나는 오늘도 이렇게 기도한다.

'하나님, 육체의 것으로 기뻐하지 않고 오직 하나님으로 기뻐하는 삶을 살게 도와주소서.'

어려운 일은 오늘도 현재진행형이지만
기쁨이신 예수님이 내 안에 계셔서 더 이상 불안해하지 않는다.

코로나와 함께 시작한 개척교회

——— 우리가 걷는 길이 주님께서 기뻐하시는 길이면,
우리의 발걸음을 주님께서 지켜 주시고,
어쩌다 비틀거려도 주님께서 우리의 손을 잡아 주시니,
넘어지지 않는다.

(시편 37:23-24, 새번역)

손주환

느헤미야교회협의회 소속 걷는교회 목사로, 서울신대와 한세대에서 공부했고 현재 한세대 구약학 박사과정에 있다. 한국구약학연구소에서 연구원으로, 사랑스러운 자폐아동의 아빠로, 지성과 미모를 겸비한 워킹맘의 남편으로 살고 있다.

나는 2020년 1월에 느헤미야교회협의회 소속 '걷는교회'⁎
를 개척한 목사다. 내 팔자에 개척교회 목사는 없으리라
장담했다. 내 모교회는 매년 개척교회 50곳의 목회자를 불
러 세미나를 여는 곳이었다. 10년 넘게 세미나 스태프로
섬기면서 개척교회 목사들이 겪는 다양한 고충을 접할 수
있었다. 그 고된 삶을 알기 때문에 개척교회 목사가 결코
되고 싶지 않았다. 그런데 지금 개척교회 목사가 되어 있
다. 인생이 꼬인 듯하다.

어쩌다 보니 개척교회 목사

개척교회를 하기 전에 섬기던 교회는 교단에서 몇 손가락
안에 드는 큰 교회였다. 그 교회에서 5년 정도 청년부를
맡았다. 사임하기 1년여 전, 교회는 새로운 담임목사를 청
빙하기 위한 위원회를 조직했다. 장로님 7명으로 조직된
청빙위원회였다. 권사회·안수집사회·청년부 등의 구성원
이 포함된 '청빙 자문단'도 꾸렸다. 교회에서 자문단을 만
든 이유는 청빙을 결정하는 의결권이 없더라도 각 기관에

⁎ 같은 이름으로 송경용 신부님이 담임하시는 성공회 교회가 있다. 담임
신부님을 직접 찾아뵙고, 이름 사용을 허락받았다.

서 원하는 담임목사상을 추천받겠다는 취지였다. 청년들은 청년 자문위원장을 선출하고 설문을 통해 의견을 수렴하여 위원회에 제출했다.

교역자인 나는 모든 의사결정에서 빠지기로 했다. 청년들끼리 의견을 수렴하는 모습이 매우 성숙해 보였다. 그런데 청년들이 너무 순진했던 것일까. 청년들 요구는 전혀 반영되지 않았고, 청빙 과정은 청년들이 알 수 없게 진행되었다. 청년들은 공청회를 요청했고, 진행 상황을 투명하게 공개해 달라고 요구했으나 결국 받아들여지지 않았다.

그렇게 청빙할 목사님이 결정되었고, 이를 표결하는 사무총회(성결교의 교인 총회를 가리키는 말로 장로교의 '공동의회'에 해당) 당일에 사건이 벌어졌다. 사무총회 시간과 청년부 예배 시간이 겹쳤는데 청년들이 대거 사무총회로 몰려갔다. 사무총회 사회자는 청년들에게 발언권을 주지 않았다. 청년들은 의견을 말할 수 없었고, 한 청년이 강단에 올라가 "이 교회가 하나님의 교회지 장로님들 교회입니까" 하며 목소리를 높였다. 사회자가 마이크를 주지 않는 상황이 계속되자 앉아 있던 청년들도 하나둘 자리에서 일어나 소리치기 시작했다.

회의장은 아수라장이 되었다. 그리고 나는 청년부 부장

단과 함께 모든 일의 배후로 지목되었다. 청년부 부장단이 청년들을 선동했고, 청년부 목사가 청년들을 배후에서 조종했다는 것이었다. 청년들이 스스로 결정하고 행동했던 일이었기에 억울했다. 교인 중 나와 악수하기를 거부하는 분, 눈으로 레이저광선을 쏘는 분들이 생겼다. 청년부를 대표해서 사과하라는 요청도 있었다. 나는 그렇게 요청했던 분에게 말했다.

"제가 사과해서 청년들이 한 행동을 부정하고 싶지 않습니다. 그리고 저는 소리친 청년들이 문제가 아니라 청년들에게 마이크를 주지 않은 편파적 회의 진행과 분위기가 문제라고 생각합니다."

그때부터 난 청년들의 행동을 비판하는 사람들에게 단단히 찍혔고, 소문에 의하면 새로 부임한 담임목사님은 나를 자르라는 요청을 받았다고 한다. 결국 나는 교회에 계속 머무는 것이 쉽지 않겠다고 판단해 사임했다. 얼마 지나지 않아 뜻을 같이하는 몇몇 분들의 제안으로 새로운 교회를 시작하게 되었다.

코로나 대유행기에 예배 공간 구하기
멋모르고 교회를 시작하니 장소를 구하는 일부터 문제였

다. 인터넷에서 스페이스클라우드(장소 대관·공유 플랫폼)에 들어가 적당한 공간을 찾아봤다. 어떤 회사 건물에 있는 작은 강연장을 발견했고, 주일만 그곳을 이용할 수 있는지 알아보았다. 강연장 사장님이 크리스천이라 흔쾌히 가능하다고 하셨다. 그런데 조금 뒤 다시 전화가 왔다.

"정말 죄송하지만, 이단이 아니라는 걸 증명해 주십시오."

이른바 '현타'(현실 자각 타임)가 왔다. 시작부터 이단이 아닌 걸 증명해야 한다니. 그동안 사역하면서 남긴 SNS 게시물과 목사안수증명서, 신대원 졸업증명서와 석사학위증을 보여 드렸다. 다행히 검증(?)을 통과했고 공간을 사용하게 되었다.

한 달 정도 지나서 다시 강연장 사장님에게서 연락이 왔다. 회사가 강연장을 오피스로 바꾸게 되어 더는 예배 장소로 사용할 수 없으니 2월까지만 사용해 달라는 말이었다. 막막했다.

그때 마침 대구·경북을 중심으로 '코로나 1차 대유행'이 시작됐다. '멘붕'이 왔다. 예배 장소도 없는데, 코로나19라는 듣지도 보지도 못한 상황이 닥친 것이다. 개척 2개월 만에 만난 암초였다. 당장 온라인 예배를 진행할 장소도 없었다. 공간을 대여하기 위해 연락하는 곳마다 교회는 안 된다고 거절했다. 열 곳 정도 연락했는데 모두 거절했다. 예배당 없는 개척교회의 설움을 뼈저리게 느꼈다. 지하에 좁은 공간이라도 있는 교회가 그렇게 부러울 수가 없었다.

더욱더 서러웠던 건 코로나 확산으로 교회를 향한 인식이 나빠졌다는 사실이다. 장소를 문의하고 거절당할 때마다 막막함을 느꼈다. 임차를 하려 하니 부동산에 쓸 고정비용을 구제비로 사용하자고 했던 첫 회의 때의 다짐이 생각났다. 그러니 임차를 할 순 없었다. 결국 10년 전 사역했던 교회의 제자가 운영하는 작은 카페를 빌렸고 그곳에서 온라인 예배를 드렸다.

코로나 시대에 어울리는 유목형 교회

온라인 예배를 계속하다 보니 코로나 상황에도 조금씩 적응해 갔다. 의도한 건 아니었지만, 고정된 형태의 공간이 없어도 소유한 자산이 없어도 교회가 존재할 수 있음을 경험했다. 이러한 유목형 교회가 새로운 대안 모델이 될 수 있겠다는 생각이 들었다.

몇 달이 지났고, 코로나19가 좀 잠잠해졌다. 다시 오프라인으로 예배하려고 했으나, 방역수칙을 지키면서 예배

손주환

하는 일이 쉽지 않았다. 작은 카페 공간에서는 거리두기가 불가능했기 때문이다. 결국 서울 명동에 있는 한 강연장을 찾았다. 그곳엔 공간을 빌려 예배하는 다른 교회가 있었다. 걷는교회는 그 교회의 모든 순서가 끝나는 오후 5시에 예배하기 시작했다. 몇 달 동안은 장소 걱정 없이 온·오프라인 예배를 드릴 수 있었다. 그러나 이곳도 회사 사정으로 연말에는 계약을 종료해야 한다고 알려 왔다.

1년도 되지 않아 네 번째 장소를 알아봐야 하는 상황에 처했다. "이름을 걷는교회라고 지어서 어디 정착하지 못하고 걸어 다니는 건가" 하는 넋두리가 절로 나왔다. 유목형 교회가 '위드 코로나' 시대에 찰떡이라는 생각엔 변함이 없었지만, 막상 장소를 구하는 일은 만만치 않았다. 다시 장소를 알아봤다. 예배하기 적합한 곳이 보이면 무작정 전화를 걸었다. 작은 교회이고 일요일 정기대관을 하고 싶다고 말하면 돌아오는 대답은 "교회는 어렵습니다"였다. 광화문 집회 관련 2차 유행 시기인 2020년 8월부터는 교회를 향한 반응이 더 차가워진 걸 느꼈다.

이쯤 되니 다시 '현타'가 왔다. 12월 몇 주간은 한 형제의 집에 있는 다락에서 온라인 예배를 진행하기도 했다. 그때쯤 개척교회를 하는 게 하나님 뜻이 맞나 싶은 의심도 불쑥 들었다. 어떤 사람들은 이럴 때 기도하면 하나님이 음성도 들려주시고 그런다는데 기도 응답이라고 하기에는 그냥 팍팍한 일상뿐이었다.

그러던 중 감사하게도 느헤미야교회협의회에 속해 있는 백향나무교회가 예배 장소를 제공해 주었다. 2021년 1월부터 오후 5시에 이곳에서 온·오프라인으로 예배하기 시작했다. 장소를 옮겨야 할 때마다 걷는교회 성도들은 마음을 졸이지만 이렇게 걷는 것이 '위드 코로나' 시대에 어울리는 교회 모습이라고 생각하면 마음이 편해진다. 교회는 코로나19로 직격탄을 맞았지만, 상황의 어려움은 공동체의 방향성에 대한 확신을 주었다.

이름처럼 뚜벅뚜벅 '걸어'가는 교회

걷는교회는 시작한 지 1년이 지나도록 다 같이 모여 본 적이 없다. 그러니 성도 수가 몇 명인지 알 수도 없었다. 그래도 유튜버인 성도의 전도를 통해 오거나 교회 유튜브 채널을 보고 찾아오는 사람들이 있었다. 그렇게 알음알음 모이면서 멤버가 조금씩 늘었다.

코로나와 함께 시작한 걷는교회는 꾸역꾸역, 간신히, 지지리 궁상의 모습으로 이름처럼 '걸어'가고 있다. 주님

손주환

이 기뻐하는 길을 가보겠다며 헌금 중 3분의 1을 구제와 후원에 사용하고, 매주 "본질에는 일치를, 비본질에는 자유를, 그 모든 것 위에 차별 없는 사랑을" 이루자며 노래한다. 장로님도 그냥 호칭 없이 이름 뒤에 '님'을 붙여 '○○님'으로 불리며, 가장 나이가 어린 교인도 공동의회 때 목소리를 낼 수 있다. 입만 열면 '미쉬파트'(공평)와 '체다카'(정의)를 이야기하는 교인들은 자폐스펙트럼장애인들과 연대하기 위해 남산에서 4.2킬로미터를 걷고, 자연을 벗 삼아 공존하자며 부활절에 나무를 심으러 간다. 매월 현안 지원금이라는 이름으로 차별받는 외국인노동자, 물류공장 화재를 겪은 유가족들, 노숙인, 수해를 겪은 사람들, 몸이 아픈 활동가, 아동학대 예방, 미얀마 민주화운동 등을 위해 후원한다.

여전히 앞길이 보이지 않는 작은 교회, 언제 또다시 예배 장소를 알아봐야 할지 모르는 처지이지만, 주님이 기뻐하시는 길이라 굳게 믿고 우리의 길을 가고 있다.

우리가 걷는 길이 주님께서 기뻐하시는 길이면,
우리의 발걸음을 주님께서 지켜 주시고,
어쩌다 비틀거려도 주님께서

우리의 손을 잡아 주시니,

넘어지지 않는다.

(시편 37:23-24, 새번역)

주님이 기뻐하시는 길이면 지켜 주실 것이고, 어쩌다 비틀
거려도 손잡아 주시리라 믿고, 이름값 하기 위해 뚜벅뚜벅
오늘도 걸어간다.

손주환

평온함으로 기뻐하는 중에

───────── 저희가 평온함을 인하여 기뻐하는 중에
여호와께서 저희를 소원의 항구로 인도하시는도다.

(시편 107:30, 개역한글)

이수연

새맘교회 교우들의 인큐베이터에서 성장해 가는, 아직 '목사'가 어색한 목사. 다행
인지 불행인지 모르겠지만, 아마도 목사스러워지기는 힘들 것 같으나 신학 공부
는 좋아한다. 이화여대 기독교학과에서 구약전공 박사과정을 밟고 있고 기독연구
원 느헤미야에서 히브리어 문법을 강의한다. 신학을 공부하겠다고 했을 때 영문
을 몰라 당황하던 가족들은 든든한 후원자가 되었다.

어린 시절 여름이면 강원도 홍천 강가로 가족여행을 가곤 했다. 요즘 말로 하면 '캠핑'이겠지만, 그냥 텐트와 버너를 챙겨 떠나는 여행이었다. 강 바로 옆에 텐트를 쳐놓고는 물놀이와 먹는 일에 전념하면서 일주일 정도를 보내곤 했다. 물속에 오래 있으면 입술이 파래졌다. 그럴 때면 물속에 있던 나는 부모님께 끌려 나왔다. 햇볕에 달구어진 돌 위에 앉아 있다가, 물기가 마르기 무섭게 다시 물로 들어가기를 반복했다.

언젠가는, 아빠가 커다란 고무 다라에 스티로폼을 붙여서 제법 멋진 보트(?)를 만들어 주셨다. 그전에는 튜브를 타고 놀더라도 얕은 강가에서 참방거릴 뿐이었는데, '고무 다라 보트'는 완전히 다른 차원의 물놀이를 경험하게 해주었다. 아빠는 '고무 다라 보트'에 나를 태우고는 내가 가보지 못했던 꽤 먼 곳까지 끌고 다니셨다. 일부러 보트를 이리저리 움직이며 파도를 타는 듯한 기분도 나게 해주셨다. 나는 매우 겁이 많은 아이였지만, 깊은 물 한가운데서 경험하는 풍랑(?)이 하나도 무섭지 않았다. 나에게 아빠는 유쾌한 슈퍼맨이었고, 아빠가 끌어 주는 '고무 다라 보트'는 절대 위험하지 않은 안전하고 재미있는 놀이기구로 생각되었기 때문이다.

이수연

내 인생의 '고무 다라 보트'

나는 이제 고무 다라 보트에 올라타기보다는, 누군가를 위해 고무 다라 보트를 만들어서 끌고 다녀야 하는 사람이 되었다. 그러나 나는 지금도 가끔 고무 다라 보트에 올라탄다. 시편 107편 30절은 나에게 고무 다라 보트이다.

고대 로마 정치가 세네카(Lucius Annaeus Seneca, BC 4?-AD65)는 "어느 항구를 향해 갈 것인지 생각하지도 않고 노를 젓는다면 바람조차 도와주지 않는다"라고 말했다. 세네카뿐 아니라 수많은 위인은 명확한 목표를 세우고 인생을 살아가라고 조언한다. 대다수 목사도 시편 107편 30절의 "소원의 항구"를 그런 맥락에서 설교한다. 그렇지만 나에게 이 구절은 오히려 그 반대 의미로 읽힌다.

시편 107편 30절은 내게 이렇게 말한다.

> 목표가 없어도 괜찮아. 너보다 너를 더 잘 아는 내가 인도할 테니, 너는 나를 온전히 신뢰하고 여기 머물면서 평온해하고 기뻐하렴. 목적지에는 내가 데려가마.

도무지 앞길을 알 수 없는 때가 있다. 이렇게 해야 할지 저렇게 해야 할지 답을 알지 못할 때다. 그때마다 이 구절은 내가 힘을 풀고 주님을 온전히 신뢰하도록, 나를 주님께 내어 맡기도록 해준다. 온갖 풀기 어려운 문제가 가득한 배 안에 갇혀 두려워 떨고 아등바등하던 나를 구출한다. 거대한 물결이 허상이었음을 알려 주고, 세상의 주관자인 하나님을 신뢰하게 한다. 괴물 같은 세상과 대치하며 두려움에 떨고 있던 나는 하나님을 인식하는 순간, 곧 유쾌한 슈퍼맨 아빠가 끌어 주는 '고무 다라 보트'에 올라탄 어린 아이가 된다.

목표 없이 나아간 길

2013년 1월 신년 새벽기도회가 끝나갈 즈음, 기도하다가 문득 '신학'이라는 단어가 머리에 떠올랐다. 하라는 건지 하지 말라는 건지, 아무 설명 없이 그냥 '신학'이라는 말이 갑자기 찾아온 것이다. 내 안에서 나온 말은 아니었다. 나는 그때 신학 공부를 전혀 고려하지 않았기 때문이다.

대학 입시를 앞두고 신학 공부를 고민했던 때가 있기는 하다. 아무리 생각해도 내게 가장 재미있는 게 교회였지만, 그땐 여자 목사가 전무한 시절이었고, '신학교'는 아무래도 부담스러웠다. 그래서 일반 대학교의 '기독교학과'를

이수연

두고 기도했고 답을 들었다. 결과는 예상과 달리 불합격이었다. 그 뒤로는 한 번도 신학 공부에 대해 생각할 필요가 없었다. 이미 이 고민에 대한 항체가 생겨 버린 셈이다. 나는 부르심에 응했으나 떨어졌고, 내겐 그 책임이 없었다.

재수하여 '무난한' 전공으로 경영학을 선택했다. 재수할 때 만난 친구와 결혼도 했다. 7년간 직장생활을 한 후, 사진을 업으로 삼은 남편과 10년 동안 스튜디오를 운영했다. 아이도 둘을 낳아 키우고 있었다. 그런 다음에야 다시 찾아온 '신학'의 요청이었다. 이상하게도 당혹감은 금세 사라졌고, 신학을 해야 할지 말아야 할지보다 어디서 할지가 더 큰 고민이었다.

당시 출석하던 교회는 대한예수교장로회 통합 교단 소속의 중형교회였는데, 그즈음 목사와 교회에 대해 고민하게 만드는 일련의 사건을 겪으면서 기독연구원 느헤미야를 알게 되었다. 2014년에 기독연구원 느헤미야에서 신설한 '신학연구과정'에 1기로 입학했다. 본격적으로 '신학'을 배우기 시작했지만, 40대 중반에 신학 공부를 시작하는 중년 여자에게 목표란 있을 수 없었다. 그건 당치 않은 일이었다. 나는 목적이 있어서 신학교에 온 것이 아님을 늘 말하고 다녔다.

신학연구과정 2학기 차에 박득훈 목사님이 강의하시는 '경제윤리' 과목을 들었는데, 학기가 끝나고 얼마 되지 않아 목사님께서 전화를 주셨다. '새맘교회'에서 교육전도사로 일해 보지 않겠느냐는 제안이었다. '전도사'가 될 거라 생각해 보지 않았던 터라 다음 날까지 고민해 보기로 했다. 그날 밤 자리에 눕자마자 그전까지 본 적도 없는 새맘교회 아이들에게 해주고 싶은 일이 쉴 새 없이 떠올랐다. '이 일은 해야 하는 거구나' 싶어 다음 날 바로 연락드렸다.

새맘교회 교육전도사로 사역을 시작한 지 3년이 되었을 때 박득훈 목사님이 은퇴하셨다. 또 다른 '박득훈'은 어디에도 없어서 청빙에 두 번이나 실패하였다. 빈자리를 메우기 위해 청장년 사역으로 옮겨서 이것저것 맡다 보니 목사 안수도 받지 않은 상태에서 3차 청빙 대상자가 되어 목회를 맡게 되었다. 일을 하기 위한 자격증처럼 2020년에 목사 안수를 받은 뒤 2021년 전임 목사로 다시 정식 청빙이 되었다.

나도 모르는 내 '소원의 항구'

개혁적이고 진보적인 새맘교회의 목사 이야기가 이렇게 사사롭고 매가리 없는 것이라 송구하다. 어쩌겠는가. 나는

이수연

목표하지 않았던 곳에 와 있고, 나의 삶과 세상을 해석하는 렌즈는 '하나님이 온 세상과 인생들을 주관하신다는 실재관'에 근거해 있는 것을. 그 실재이신 하나님이 약자를 특별히 아끼시고 작은 자들의 연대를 원하시니, 그렇게 말하고 그렇게 살고자 노력할 뿐이다.

나는 내 '소원의 항구'가 어딘지 모르겠다. 그냥 '고무 다라 보트'에 올라탄 아이처럼 주님께 모든 것을 내어 맡기고 평온함으로 기뻐하는 중에 언젠가 다다르게 되는 곳이 내 '소원의 항구'일 것이다. 사실 "평온함을 인하여 기뻐하는 중에"라는 말보다 '내내 무섭고 두려워 어찌할 바를 모르다가 잠깐 평온함으로 기뻐하는 중에'가 더 적절한 표현일지도 모르겠다. 지면에 적지 못한 수많은 일이 이를 증명한다. 다만 나는 힘들었던 지난 기억들은 곧잘 잊어버릴 뿐이다.

앞으로도 많은 일을 겪겠지만, 그때마다 시편 107편 30절은 나를 '고무 다라 보트'에 태울 것이다. 그리하여 다다를 나의 '소원의 항구'는 주님이 바라시는 바로 그 항구가 되길 간절히 바라 본다.

Photo by Myoungho Ok

내 '소원의 항구'가 어딘지 모르겠지만,
아이처럼 주님께 모든 것을 내어 맡기고
평온함으로 기뻐하는 중에 언젠가 다다르게 될 것이다.

세우시는 창조주의 말씀

———— 모든 사람이 너희를 칭찬하면 화가 있도다.
그들의 조상들이 거짓 선지자들에게
이와 같이 하였느니라.

(누가복음 6:26)

정갑신

기자를 꿈꾸던 시절 대천덕 신부의 강연을 통해 '사람을 향하는 삶으로 전향하
는 마음이 일어 목회자가 되었다. '한국 교회를 염려하지 말라'는 감동에 순종하여
2009년 8월 화성시 향남읍에 예수향남교회를 개척하여 목회와 예수향남기독학교
사역에 마음을 쏟고 있으며, 복음적 교회 개척과 갱신을 위한 CTCK·TGCK·복음
과도시 사역에 참여하고 있다. 총신대와 서울대 대학원, 총신대 신학대학원에서
공부했으며, 《대답하는 공동체》《사람을 사람으로》 등을 썼다.

인생을 바꾸어 지속적인 지침으로 삼게 된 구절이라고 하기에는 다소 괴이할 수 있겠다. 하지만 그 어떤 격려와 위로의 말씀보다 강력히, 삶의 목적과 추구의 향방을 바꾼 말씀인 게 분명하니 어쩌랴.

기대 없이 펼친 성경, 비수처럼 꽂힌 구절

28년 전 신학대학원 졸업을 두어 달 앞두고, 참으로 진지한 표정을 한 동료에게서 들은 한마디. 그때 그는, 준비가 거의 끝나가던 유학길과 대형교회 부교역자 임지 사이에서 고민하던 나에게 말했다.

"자신의 필요를 채우고자 하는 건지, 하나님의 필요에 답하려는 건지 깊이 물어보세요."

그의 표정만큼이나 말 또한 선지자적이었다. 내가 공부와 교육에 소명을 받았다기보다 박사와 교수라는 타이틀을 탐하는 건 아닐까, 막연히 자문하던 순간들이 떠올랐다. 목회와 복음전도와 양육에 삶을 던지기보다는 대형교회에 속하여 안전과 명분을 확보하려는 건 아닌가 하는 의문이 바르고 합당했다는 것을, 그리하여 속히 돌이켜야 한다는 것을 받아들여야 했다.

그 어간에, 옆집에 거주하던 중국 선교회 간사로부터 전임간사직을 제안받았다. 나는 그것을 나의 야심에서 힘을 빼시려는 주님의 이끄심으로 받아들였고, 그렇게 4년간의 사역을 시작했다. 석박사 과정이나 대형교회에서도 많은 경험을 할 수 있었겠으나, 이 시기에 배운 지혜와 맺은 관계는 선교행정 현장에서만 익힐 수 있는 각별한 것이었다. 또한 그 모든 지혜와 관계는 이후 나의 목회 여정에 폭넓고도 확연하게 스며들어 적절하게 작동했다.

그로부터 10년이 지난 2006년 1월, 부교역자 생활을 마감하고 서울 서초구에 위치한 C교회 담임목사로 부임했다. 꽤 많은 동료 선후배가 부러워했을 법한 중견교회 담임목사 자리가, 버려진 신발 한 짝같이 가련한 존재의 자리로 탈바꿈하는 데는 오랜 시간이 걸리지 않았다. 20년간 고요하던 일흔 살 교회 저수지에 무언가 의미 있는 돌을 던진 것 같았던 자부심이, 실패를 받아들이며 죽음을 희구하는 절망으로 뒤바뀌는 데는 한순간이면 충분했다.

항우울제 및 항불안제에 의지하여 하루하루 처절한 무기력으로 버티는 동안, 희망은 눈을 씻고 찾아봐도 찾을 길이 없고 이를 악물고 버티는 인내도 완전한 한계에 이르렀다. 그때, 어쩔 수 없이 해야만 했던 설교 준비를 위해 아무런 기대 없이 펼친 말씀이, 비상한 깊이로 나를 깨웠다.

모든 사람이 너희를 칭찬하면 화가 있도다….

처음엔, 오래전부터 나를 뚫어지게 바라본 게 분명한, 나만 몰랐던 예리한 시선이 느껴졌다. 은밀한 간음의 현장 문이 활짝 열리며 내게 꽂히는 수많은 시선을 알몸으로 받아 내는 듯한, 감당할 수 없는 수치심이 소름 돋듯 일어났다. 그 후에는 마지못해 자수한 자에게도 송구스레 주어지는 보상, 자유와 평안이 나를 온전히 감쌌다. 그러고는 다시 비수처럼 심장에 꽂혀, 복잡하게 얽힌 내면의 실체를 통찰하고 반추하도록 자극하고 독려했다.

말씀을 온전히 먹고 체화하기 위한 묵상과 함께, 운동장을 걷고 뛰는 일과가 시작되었다. 몸과 마음이 눈에 띄게 회복되어 갔고, 드디어 더 이상 병원을 갈 필요가 없게 되었다. 아울러 현실적 안전을 보장해 주는 환경을 떠날 용기를 선물로 받았다. 그리하여 '목회 성공의 가능성'보다는 '복음적 필요'가 더 분명하게 보이는 지역으로, 교회 개척을 위해 떠날 수 있었다. 이렇게 누가복음 6장 26절은 겹겹이 엉켜 복잡했던 내면을 예리하고 잔인한 거룩으로 적나라하게 들추어내어, 수술과 회복의 시간을 거쳐 새길로 향하게 한 인생의 말씀이 되었다.

정갑신

야망과 주님 뜻 사이

돌아보면, 인생의 말씀은 이런 과정으로 주어졌다. 2005년 5월, 당시 안산동산교회 담임 김인중 목사는 과분한 지원이 보장된 분립개척을 내게 제안하였다. 마음이 다소 흔들렸으나 이미 그해를 끝으로 서울지역으로 떠나기로 아내와 약속한 터라 결과적으로 그분의 마음을 크게 서운하게 했다. 정해진 사역지가 없었음에도, 그해 연말까지만 사역하는 것으로 말씀드리자고 아내와 얘기한 터였다. 애써 담담하려 했지만 안정적인 개척에 대한 미련이 날이 갈수록 깊어지던 중, 서울 서초구의 C교회로부터 세 분의 청빙위원 장로들이 찾아왔다. 담임목사 후보자군에 이미 10여 명의 목회자를 추려놓은 상태지만, 두세 교회를 대상으로 몇 사람을 더 추천받은 후 선발할 것이라고 얘기했다.

김인중 목사는 즉시 나를 호출했고, '선발되지 않으면 분립개척한다'는 조건으로 나를 추천하겠다고 했다. 나는, 배부른 선택의 기회와 손해 볼 것 없는 현실에 기대어 급하게 서류를 준비했다. 그리고 담임목사가 되었다. C교회 부임 후 확인한 결과, 대부분이 박사·교수·담임목사인 다른 후보들에 비해 객관적 조건이 상당히 뒤처지는데도 내가 청빙받았음을 알게 되었다. 하지만 계시적 '간택'을 받은 것인지, 어떤 중대한 사태에 휘말리게 된 것인지를 찬찬히 들여다보기에는 너무 빨리 흥분했고, 낙관적인 꿈만 꾸기에도 정신이 없었다.

부임 직후, 18명의 시무장로들이 원로목사를 존경하고 따르는 소수의 무리(이하 '원무리')와 원로목사를 최대한 배제하려는 다수의 무리(이하 '배무리')로 갈라져 있다는 걸 알게 되었다. 수적으로는 우세한 15명의 배무리를 통해 청빙된 나로서는, 이미 시작부터 몇몇 예상되는 위험을 감지해야만 했다.

원무리는 기본적으로 나에 대해 호의적일 수 없었다. 교회에 첫발을 들여놓기 전의 상황도 그랬지만, 나의 온몸에 배어 있는 캐주얼하고 자유분방한 스타일도 그들에게는 경박하게 느껴졌을 게 분명했다. 더구나 시간이 흐르면서, 배무리 중에서도 소소한 목회적 갈등을 빌미로 원무리에 합류하는 이들이 하나둘씩 늘어갔다. 어떤 이는 복음송과 드럼을 허용하지 말아야 한다는 주장으로, 어떤 이는 새 담임목사의 설교에서 은혜를 받기 힘들다는 뒷말로, 다른 이는 자신에게 주어진 직임이 부당하다는 불평으로, 또 다른 이는 정서적으로 그들에게 동조하는 묵인으로 하나둘 원무리 쪽으로 돌아서고 싶어 했다.

정갑신

하지만 그 사이 나는 "다음세대와 젊은이세대의 부흥을 위해 모든 것을 지원할 테니 마음껏 사역하라"는 배무리 최초의 약속을 철석같이 믿고서, 열정을 다해 행동에 옮기는 '순진하고 천진하고 미련한' 초짜 담임목사 역할을 힘껏 감당하는 중이었다. '다음세대의 부흥'을 위해 '마음껏 사역하라'는 주문에 충실하고자, 고리타분한 교회의 상징처럼 보이던 장로석을 없앴고, 강단 뒤 묵직하고 어두운 휘장을 단숨에 치워 버렸다. 그와 함께 이웃에게 경계심을 안겨 주기에 충분해 보이던 높고 답답한 붉은 벽돌 담장을, 제직회 여론몰이를 통해 하루아침에 허물었다. 더 나아가 30대 부부공동체를 세우고, 청년부를 전담할 전임사역자를 선발하고, 대대적인 전도집회를 기획했다.

이런 노력의 결과였는지 부임한 지 1년이 채 되지 않아, 성과(?)가 나타나기 시작했다. 주일예배에 출석하는 성도들이 확연히 늘어 주일마다 예배당은 북적거렸고, 늘어난 성도들은 다수가 30-40대 젊은 층이었다. 그런데 '어떤 장로가 우리 교회를 남에게 빼앗기는 것 같은 느낌'이라며 노골적으로 불편해한다는 이야기를 전해 들었고, 배무리 중 일부도 서서히 냉랭해지고 있음을 어느 정도 자각하기 시작했다. 그럼에도 나는 여전히 담임목사를 지지하는 게 분명해 보이는 10여 명 되는 장로들과의 연대감에 의지해 무언가를 해내고 있는 것 같은 마음으로 들떠 있었다.

그런 와중에 보잘것없는 성과로 들뜬 마음을 한순간에 날려 버리고도 남을 '강력한 태풍'이, 시시각각 형태를 갖추어 가는 중이었다. 닥쳐올 위기를 감지하기에는 내 앞엔 여전히 할 일도, 계획도 너무 많았다. 하나님의 시선과 마음으로 상황을 반추할 겨를 없이, '스스로, 하나님을 위한 일이라고 확신하는, 해야 할 일들'이 너무 많았던 것이다.

죽음의 터널에 갇혀 지낸 나날들

그 시기를 돌아보면, 유쾌하지 않다. 아니, 유쾌하지 않은 정도를 넘어 심히 불쾌해진다. 노골적으로 혹은 부지불식간에 상당한 충격을 안겨 주는 강력한 잽과 스트레이트가 의식의 수면 위아래에서 나를 조금씩 무너뜨리고 있었던 사실에 너무 무지하였던 걸, 다시 생생하게 느끼기 때문이다.

한 장로는 여러 불만과 충고를 뒤섞어, 결국에는 '버르장머리가 없다'는 말을 하고 싶어 했던 게 분명한, 여러 장의 경고성 쪽지를 보냈다. 몇 주간 그 쪽지를 묵상(?)하며 분노와 조소를 오가던 중, 기억에서 씻어 버리고자 폐기처분했지만, 외려 뇌리에 더 깊이 박혔다. 드럼과 복음송에

정갑신

극단적 거부감이 있던 한 장로는 식당에서 여러 성도를 모아놓고 "정 목사의 신학이 의심된다"고 크게 떠벌리며 웃었다. 다른 장로는, 타 교회 설교 테이프를 건네주며 "우리 목사님도 이 목사님처럼 이렇게 은혜로운 설교를 할 수 있기를 새벽마다 기도하고 있다"는 말로 염장을 질렀다.

그들도 자신에게 익숙했던 것을 상실할까 두려워 그리했던 것을 모른 채, 감정처리에 능숙하지 못했던 나는 직접적인 '치리 카드'를 꺼내 들기도 했지만 분란만 일으켰을 뿐 그저 무기력하고 지혜롭지 못한 몸부림만 중첩시키는 중이었다. 나는 막연한 자신감 위에 살짝 얹혀진 친절과, 정서적 공감에 호소하는 설교로 버텨 보려 했다. 하지만 겨우 지탱하던 불안한 마음의 터전에서는 이미 붕괴의 지진이 시작되고 있었다.

부임 후 11개월 여가 지나고 있었다. 어느 날부턴가 두어 시간씩 뒤척이는 밤이 시작되었다. 숙면은 옛말이 되었고, 서너 시간 잠을 자는 것도 무척 어려워졌다. 동시에 불안을 동반한 기분 나쁜 기운이 서서히 전 존재를 거머쥐기 시작하는 걸 느꼈다. 불안과 우울은 어느새 나의 하루 24시간 전부를 지배하는 강력한 족쇄가 되었다. 견딜 수 없어서 병원을 찾았지만, 처방약의 효력 주기는 점점 짧아졌다. 약으로는 불안과 우울을 잠재우는 게 불가능해진 시점에 나는 당회원들에게 연락하여 입원을 요청했다.

병원에서는 강한 수면제로 거의 일주일을 재웠고, 퇴원하는 날 항불안제와 항우울제를 동시 처방했다. 신경정신과를 정기적으로 찾는 날들이 계속되는 중에도, 도무지 가시지 않는 불안과 우울, 손발 저림과 강력한 무기력증에 사로잡힌 나는, 끝없는 죽음의 터널에 갇힌 것을 알게 되었다. 10개월 넘도록 이어지던 그 시기, 자살 충동은 일상이 되었고, 아내는 '정신질환' 남편을 위험에서 지키기 위해 24시간 쉬지 않고 보살펴야 했다.

사랑의 환대가 만든 영혼의 여백

평소 나는 사교적인 관계망을 넓게 펼쳐 많은 이들의 전화번호를 확보하는 편이었다. 그러나, 고통의 심연에 이르러서야 내가 얼마나 '진실로 누군가와 함께하는 시간'을 회피해 온 사람이었는지 알게 되었다. 피상적 관계에 익숙해진 존재의 실상이 서서히 드러나는 중이었던 것이다. 나는 그간, 내가 꽤 괜찮은 존재라는 걸 알아줄 수 있는 사람들과의 관계 설정에 주로 유능함을 발휘했던 거였다. 참으로 고통스럽고 무기력하고 고독하고 외로웠지만, 내 고통을

정갑신

나눌 만한 친구들이 잘 생각나지 않았다.

하지만 내 생각과 달리 내 심연의 문제에 관해 대화하기 위해 찾아온, 가까이 지내 온 형님 목사 부부와의 대화를 통해 '진실과 정직한 나눔을 공유하는 작은 공동체'에 대한 절대적 필요가 느껴졌다. 아울러 내 형편을 듣게 된 대학 동창 두 명이 비교적 자주, 일부러 나를 찾아왔다. 자신들의 일정만으로도 충분히 바빴을 그들은, 움직이기 어렵다고 스스로 단정짓고 옴짝달싹하지 않으려는 나를 설득하여 우면산 정상까지 천천히 함께 올라 주었고, 식사 교제를 통해 자신들도 지극히 연약했던 지난 시간을 펼쳐 놓음으로 내 문제를 상대화할 수 있기를 기대했다. 그들은 그런 기회를 반복적으로 만들었는데, 아내는 내가 그 시기에 눈에 띄게 좋아지기 시작했다고 기억한다. 기억할수록 고맙고 들여다볼수록 아름다운 시간이었다.

더불어 C교회 성도 중에도 내가 겉으로 드러내기도 전에, 나에게 무언가 문제가 있음을 먼저 직감한 부부가 있었다. 이강우 집사 부부는 설교하는 내 모습에서 어떤 이상증세를 발견했다며 목양실을 찾아와 몸 상태에 대해 여러 가지를 묻고 구체적인 진단을 해주었다. 그에 더해 내 몸의 분비물을 미국으로 보내어 호르몬 검사 결과가 심각하다는 사실을 알려 주었고, 바닥난 감정조절 호르몬을 보충해 주는 약을 지속적으로 제공해 주었다.

자신의 문제에만 집중했던 나의 자기중심적 분주함과 부주의 탓에 오랜 시간 기억하지 못했던 그들의 이름과 고마운 마음, 부끄러움이 동시에 밀려온다. 그들의 환대로 인해 지독하게 좁아져 있던 내 영혼에 틈새와 여백이 생길수 있었고, 그 틈으로 생명의 말씀이 가늘지만 선명하고 날카로운 섬광처럼 파고 들어왔다.

인생의 말씀이 일깨운 진실

내면의 질서와 인생의 향방을 바꾼 그날이 정확히 언제였는지 기억하지 못한다는 건 매우 의아하지만, 2007년 5월 어느 날이었던 건 분명하다. 사랑의 환대로 인해 형성된 여백이 분명 큰 도움을 주었다. 도무지 펼쳐지지 않는 말씀, 펼쳐도 눈에 들어오지 않는 말씀을 억지로 내 안으로 구겨 넣기 위해 소리 내어 읽었던 시편 말씀도 그랬던 것 같다. 진이 빠지고 근육이 사라져 걸을 수 없었던 두 다리로 이를 악문 채 힘주어 걷고 조금씩 뛰기 시작한 사투의 날들도 분명 도움이 되었을 게다. 하지만 우울과 불안 사이를 널뛰듯 오가고 정상적인 생활을 불가능하게 만드

정갑신

는 증상은 동일했고, 이대로 모든 것을 끝내고 싶은 갈망은 여전히 강력했다. 만에 하나 이 고통의 여정이 멈추면 누가복음을 설교하리라고 생각하며 꾸역꾸역 하루에 서너 구절씩 읽어 내려가던 어느 날, 그 말씀이 예리하고 깊고 무겁게 내 눈과 가슴을 파고들었다. 매우 충격적이었고, 몹시 아팠고, 한없이 따뜻했지만, 또다시 통렬하게 내 온 영혼을 사로잡았다.

> 모든 사람이 너희를 칭찬하면 화가 있도다.
> 그들의 조상들이 거짓 선지자들에게
> 이와 같이 하였느니라.
>
> (누가복음 6:26)

무엇보다 이 말씀은 내가 주님을 사랑하는 자리에서 '가짜'였음을 고발했다. 내가 현재 상황에 이르게 된 것은 분노로 잠을 이루지 못하면서부터였고, 분노로 잠을 못 이룬 것은 나를 분노케 한 자들의 무례함 때문이었다. 하지만 이 말씀은, 진정한 문제가 그들의 무례함이 아니라, 그것을 헤아리거나 견뎌낼 수 없었던 나의 '자기 존재 증명 욕구'였다는 걸 선명하게 알려 주었다. 마음이 거기에 이르니 그간 일어났던 모든 현상이 논리적으로 정밀하게 꿰어졌다. 모든 성도로부터 인정받고 존경받고 박수받는 목사가 되려는 존재 증명의 욕구로 인해 나를 대적하고 반대하는 사람들에 대한 하나님의 시선, 하나님의 마음을 잃었던 거였다. 그로 인해 주님을 '사랑'하기보다 '사용'하려는 모든 자 앞에 넓고 깊게 펼쳐진 함정에 빠졌던 거였다.

나는, 도를 넘어 감당하기 불가능해 보이는 멸시와 수치와 사람들의 잔혹한 뒷담화에도 불구하고 하나님 아버지의 뜻을 향해 곧게 걸으셨던 주님보다 더 나은 대접을 기대하고 누리려 한 목회자였던 거다. 수개월을 이어 가는 격한 회개의 날들이 시작되었다. 나 같은 존재가 대체 뭐라고 주님보다 더 나은 대접을 받고자 했던 걸까? 주님은 단지 내 존재를 증명해 주어야 하는 도구였다는 말인가? 나는 주님의 목회, 주님의 나라가 아니라, 내 목회를 통해 나의 나라를 건설하려 한 또 다른 니므롯이 아니었던가? 영광을 향한 열망 뒤의 지독한 초라함을 좇아가는 미련함에 너무 오래 방치되었던 게 아닌가?

결국, "모든 사람이 너희를 칭찬하면 화가 있도다"라는 그 말씀은 스스로 화를 자처하는 길을 내가 적극적으로 선택했다는 진실을 알게 해주었다. 내가 자기 존재감을 숭배

정갑신

하는 우상숭배자였다는 걸 고백하는 날들이 오래도록 이어졌고, 수개월이 지나는 동안 확연한 회복이 이뤄졌다. 마침내 나는 약을 버려도 될 정도까지 회복될 수 있었다.

회복과 새날

말씀 앞에 엎드리고 몸을 규칙적으로 움직이고 힘을 쓰는 날들이 지속되면서, 우울과 불안은 확연히 가라앉았다. 동시에, 과거에 나를 채우고 있던 '존재 증명을 위한 자신감'은 거의 종적을 감추었다. 자신의 초라한 실체를 받아들였을 때 비로소 누리는 자유의 맛을 조금씩 알아 가기 시작했다. 아울러 내가 아무리 확연한 변화를 이룬다 해도, 이후에 다가오는 시간들을 온전히 책임질 수 있는 자가 못 된다는 사실도 실감 나게 깨달았다.

그에 따라, 이미 주변 교회들 사이에서 떠도는 상대적 비교와 거부할 수 없는 경쟁적 분위기에 익숙해진 현실에서, 성장에 대한 기대가 한껏 높아진 분위기에서, 전통에 대한 계승과 개혁에 대한 열망이 대립하고 각을 세우는 문화 속에서, 여전히 자기중심성으로 신속히 돌아갈 가능성이 현저한 내가 이 교회에서 건강한 공동체를 실현하려고 분투하는 일은 불가능하다는 걸 인정해야 했다. 여기서 계속 자리를 지키려면, 철옹성 같은 자기 확신을 고집스럽게 관철시키면서 독재적 목회가 가능한 환경을 만들든지, 아니면 철저하게 침묵하고 견디면서 하나님의 주권에 맡긴다는 빌미로 흐르는 세월에 의탁하든지 둘 중 하나였다.

하지만 나는 둘 중 어느 쪽에도 익숙해질 수 없는 사람이었다. 더구나 또다시 작은 성취에 존재 증명의 욕망을 걸게 될 미천한 존재라는 걸 인정해야만 했다. 오랜 시간 주님의 뜻을 묻던 중 나는 기쁨과 희열 속에서 '개척'의 소명을 받았고, 아내의 적극적인 동의를 통해 그것이 주님께서 이끄시는 길인 것을 확인했다.

내가 추구하는 목회의 실상이 어떠한지를 고발하고, '나'라는 존재가 별 게 아니라는 걸 뼛속 깊이 인정하게 해준 누가복음 6장 26절 말씀은, 주님의 이끄심과 주권적 은혜를 더 깊이 신뢰하는 담대함을 선물해 주었다. 그에 따라 아내와 더불어, 교회에는 어떤 조건도 제시하지 말고 소박하게 사임하는 게 옳다는 결정을 했다. 그저 퇴직금이면 족했다. 퇴직금에 전세대출을 합쳐서 어디가 되었든 전세아파트에서 교회를 시작하면 되겠다는 생각이었다. 상상만으로도 우리 부부는 하늘을 날 것 같은 기쁨으로 서로 부둥켜안았다.

정갑신

끝까지 배무리로 남은 10여 명의 장로들은 나의 사임을 완강히 반대했다. 그리고 내가 교회에서 계속 시무하는 조건으로 여러 건의 환상적인 제안을 해왔다. 그 제안을 위해 오랜 시간 토론하고 의논했을 모습이 눈에 그려지고 그 제안에 담긴 진심이 느껴지는 순간, 미안함과 뭉클함으로 가슴이 먹먹해졌다. 하지만 바로 그 순간 주님은, '이게 네 사직서다'라는 깨달음을 주셨다. '그 조건을 따라 시무를 계속한다면, 그 순간부터 너는 성도들이 절대 존경할 수 없는, 조건을 따라 눌러앉은 목사가 되는 거다'라는 각성이었다.

그리하여 한 구절 말씀을 통해 '존재 증명 욕구'의 수위가 큰 폭으로 낮아진 상황에서, 나는 어떤 마무리가 필요한지를 찬찬히 생각할 수 있었다. 무엇보다 내가 C교회에 부임해야 했던 '나를 위한 이유'는 확실해졌다. 내 실체가 고발되는 것, 그에 따라 내 중심이 자기 존재 증명의 우상에서 벗어나는 것, 그리고 주님을 사랑한다는 착각 속에서 외려 그분을 사용하는 우상에서 벗어나는 것이었다. 결과적으로 나는 주님을 신뢰하고 사랑하면서 그분의 아름다우심을 증명하려는 갈망으로도 충분히 배부르다는 것을 알게 되었고, 이것은 나의 전 생애에 걸쳐 가장 위대한 선물이 될 게 분명했다.

하지만 내가 C교회에 부임해야 했던 'C교회를 위한 이유'는 아직 성취되지 않았다. 수주간 고민하던 중, 후임 목회자와 남은 성도들을 위해 당회를 새롭게 하는 것이 그 이유임을 깨닫게 되었고, 배무리 장로들도 내 생각에 기꺼이 동의해 주었다. 결국, 담임목사와 더불어 원무리와 배무리 양편에서 다섯 명의 장로가 동시 사임하는 것으로 복잡하고 혼란스러운 상황은 마무리되었다. 그리고 당회와 성도들은 사임한 담임목사를, 교회 개척을 위해 파송하기로 결정하고 과분한 지원으로 파송식을 열어 주었다.

결국 누가복음 6장 26절은 내 안으로 파고들어 존재의 실체를 자각하게 하고 한 목회자의 향방을 바꾸었을 뿐 아니라, 한 전통 교회가 새 교회를 낳는 헌신을 불러일으켜, '살인의 추억' 화성시의 한 마을에 예수향남교회를 세우는 '창조주의 말씀'이었던 셈이다.

정갑신

그 돈, 네 돈 아니다

─────── 대답하여 이르시되 "너희가 먹을 것을 주라" 하시니
여짜오되 "우리가 가서 이백 데나리온의 떡을
사다 먹이리이까."

마가복음 6:37

김병년

IVF 간사로 15년간 일했으며, 셋째 출산 후 뇌졸중으로 쓰러져 깨어나지 못하는
아내의 간병인, 세 자녀의 '엄빠'(엄마이자 아빠), 지역 교회 담임목사 등 다양한 역
할을 감당해 오고 있다. 《난 당신이 좋아》를 첫 책으로 《아빠, 우린 왜 이렇게 행
복하지!?》《아빠는 왜 그렇게 살아?》《묵상과 일상》《바람 불어도 좋아》를 썼다.

내가 거듭난 이후 처음 다닌 교회 담임목사님은 정말 존경받는 분이었다. 두 번째 다녔던 교회는 성도들은 기억나지만 담임목사는 기억하고 싶지 않다. 그리고 세 번째 교회의 담임은 박은조 목사님(현재 은혜샘물교회 은퇴목사)이고, 네번째 교회 담임은 김동호 목사님(사단법인 피피엘 이사장·전 높은뜻연합선교회 대표)이었다. 다드림교회는 내가 다니는 다섯번째 교회이자 주의 은혜로 개척하게 된 교회다.

한 교회만 빼고는 예전에 다닌 세 교회의 담임목사님들에게는 말씀대로 전하고자 하는 진지함과 설교에 순종하게 하는 힘이 있어서 주일 설교가 항상 하나님의 말씀으로 다가왔다. 선포되는 말씀에 권위가 살아 있었고, 그 말씀에 반응하고 순종하는 자세가 내 삶을 형성해 갔다. 강단에 선 설교자를 통해 들려오는 메시지가 하나님의 말씀으로 다가와 행복했다.

설교는 나의 양식

어느 날 김동호 목사님이 '오병이어'를 본문으로 설교를 하면서 이렇게 도전하셨다.

오천 명분을 깔고 앉아서 자기 혼자 다 먹는 사람이

김병년

되시겠습니까, 오천 명을 먹이는 한 사람이 되시겠습니까?

그 한마디가 내 마음에 와서 깊이 박혔다. 그때부터 오천 명이 누릴 만한 몫을 혼자 깔고 앉아 살아가는 사람은 결코 되지 말자고 다짐했다. 오천 명을 먹일 수 있는 한 사람으로 살아가기를 꿈꾸었다. 그렇게 8년 동안 주일마다 목사님 설교를 들으며 말씀이 주는 복을 누렸다. 목회자 초년생일 때도 주일 설교를 통해 인생의 지침을 얻었다.

김동호 목사님이 새로 교회를 개척하는 과정에서 아무것도 모르던 나에게 함께 목회하자고 청하셨다. 하지만 그 청을 거절했다. 8년간 들은 하고많은 설교 중에 "선배에게 덕 보려 하지 마라"라는 말씀이 유독 생생히 생각났기 때문이다. 목사님을 찾아뵙고 거절 의사를 밝히면서 "선배 덕 보지 말라고 하셨지 않습니까" 하고 말씀드리니 웃음을 터뜨리셨다.

"너희가 먹을 것을 주라"

설교자가 기록된 말씀을 바르게 해석하여 하나님의 말씀으로 선포하고, 청중들은 선포되는 설교를 하나님의 말씀으로 듣고 순종할 때 설교자의 권위가 반듯하게 선다. 설교의 권위는 교회를 세우는 일에 가장 중요한 역할을 한다. 권위가 살아 있는 말씀이 성도들을 변화시키기 때문이다. 권위가 살아 있지 않은 설교는 기록된 말씀을 벗어나 있기 마련이고, 해석하는 설교자의 수고도 없으며, 듣는 청중에게는 오히려 혼란만 가중한다.

권위 있는 설교는 그리스도인으로 거듭나는 과정에도 대단히 중요하다. 아울러 성숙한 그리스도인으로 자라가는 데 필수적인 영양분이 되며, 교회를 건강한 공동체로 세워 가기 위해서도 필수적이다. 〈제2 헬베틱 신앙고백서〉에서 "하나님 말씀의 설교는 하나님의 말씀이다"라고 밝혔듯이, 권위가 살아 있는 설교가 나를, 내 삶을 움직여 왔다. 설교는 내 양식이었다.

다드림교회를 개척하고 나서 어느 주일에 나도 마가복음 6장의 오병이어 이야기를 본문으로 삼아 말씀을 전했다. 날은 이미 저물어 가는데 청중들에게는 먹을 것이 없었다. 그들을 불쌍히 여긴 제자들은 예수께 이 무리를 흩어 보내 마을을 찾아가 먹거리를 사 먹게 하자고 얘기한다. 제자들은 지금 선포되는 말씀에 집중하기보다 사람들의 배고픔을 먼저 해결하고 싶었다. 하나님의 말씀을 듣는

김병년

것보다 당장에 현실적인 필요를 우선으로 채우기를 원했다.

그런데 예수님은 제자들의 요청을 듣고는 곧바로 이렇게 말씀하셨다.

"너희가 먹을 것을 주라."

제자들이 무엇을 가지고 있는지 묻지 않으셨다. 그들이 가진 거라고는 자기들이 먹을 떡 다섯 개와 물고기 두 마리뿐이었다. 모여 있는 무리에 비하면 너무도 적은 양이었다. 예수님은 제자들의 요구를 거절하시는 동시에 거꾸로 그들에게 요청하셨다.

"너희가 먹을 것을 주라."

이 이야기를 본문으로 삼아 설교를 마친 이후 내 마음속에 한 청년이 생각났다. 그리고 "너희가 먹을 것을 주라"는 말씀이 계속해서 울렸다. 그런데 내가 전한 설교와 달리, '너희가 주라'는 말씀에 대한 반발이 속으로 터져 나왔다.

'누구보다 제 사정 잘 아시잖아요, 주님. 아내가 쓰러져 저렇게 누워 있는데 다른 사람에게 줄 게 뭐가 있을까요. 매달 빠듯하게 사는데요. 교회 개척한 지도 얼마 되지 않아서 그렇게는 못 하겠습니다.'

이 일을 통해 하나님은 오병이어 설교로 성도들에게는

헌신을 말하면서 정작 나 자신은 헌신하기 싫어하는 모습을 보게 하셨다. 받는 것은 기뻐하면서 즐거이 드리지는 않는 내 모습을.

그렇게 '나는 가진 것이 없다'고 강하게 확신했다. 그런데도 너희가 주라는 울림이 계속되었다. 반발하는 마음을 접고 말씀을 찬찬히 되짚어 보기 시작했다. 그제야 깨달음이 왔다.

'**너희**가 주라는 거구나! 나 한 사람에게만 주시는 말씀이 아니었구나.'

개척 멤버인 다섯 가정을 불러 모았다. 그 자리에서 한 청년의 사정을 이야기했다. 개척 멤버 가운데 한 명인 그 자매의 집이 경매에 넘어가고 온 가족이 오갈 데 없는 처지가 되었다. 아버지는 신앙은 없었지만 성실한 분이었는데 사업이 몰락하여 집마저 경매로 처분된 처지였다. 당장 다섯 식구가 살 집이 필요했다.

사정 얘기를 마치고 어렵사리 제안을 했다.

"우리도 형편이 어렵지만 조금씩 헌금해서 그 가정이 살 집 보증금을 모아 보면 어떨까 합니다."

그렇게 3,000만 원이 모였다. 형편이 뻔한 다섯 가정이 모은 액수로는 큰돈이었다.

김병년

이 응답은 아내의 중병으로 불안해진 내 삶과 생계 가운데서도, 주거 불안정에 시달리는 성도들의 삶 속에서도, 하나님 나라에 마음을 두고 사는 자들의 주거 문제를 해결해 주시겠다는 약속처럼 다가왔다. 나 혼자의 헌신이 아니라 함께하는 우리 모두의 헌신과 사랑을 통하여 그 약속을 이루신다는 표식 같았다. 하나님이 각 사람에게 많이 주시든 적게 주시든, 비를 내리시든 태양을 비추시든, 어떤 형편에 처해 있든지 우리가 말씀 아래에서 새로운 공동체로 탄생하는 순간이었다.

성도들은 여러 가지 이유로 삶이 무너지는 일을 겪는다. 한순간의 실수로, 가장의 사업 실패로, 원치 않는 질병으로, 모함하는 말로, 갑작스러운 교통사고로 저마다 삶의 고난과 고통을 당한다. 목회하는 햇수가 늘어날수록 성도들이 가장 일상적으로 겪는 어려움은 '생계' 문제임을 실감한다. "사랑과 인정을 받지 못하는 불안보다 근원적인 인간의 불안은 생계에 대한 염려"(《밥심으로 사는 나라》, IVP, 178쪽)라는 말이 절실히 와닿는다. 오죽하면 나는 "생계가, 생존이 부르심이다"라고 얘기하기도 한다.

'네가 먹을 것을 주라'

아무리 고통스러운 삶도 시간이 지나면 조금씩 무뎌진다. 나도 아내가 쓰러진 이후 닥쳐온 삶의 고통에 조금씩 익숙해져 갔고, 그 시간을 글로 풀어낸 첫 책《난 당신이 좋아》가 나왔다. 정말 기뻤다. 내 손으로 책을 쓰다니! 실감 나지 않는 와중에도 한 가지 생각만은 또렷했다.

'이제 이 책이 베스트셀러가 되면 돈을 벌 수 있겠구나!'

뇌졸중으로 쓰러져 투병 중인 아내를 돌보고 아이들을 키우며 개척 목회를 힘겹게 이어 가는 중에 쓴 이야기라 몹시 애착이 갔다. 그러니 이제 책이 많이 팔리면 돈을 벌 수 있겠다는 근거 없는 기대감에 한동안 몸이 둥둥 떠다니는 기분이었다. 그렇게 몇 날 며칠을 스스로 취하여 하늘을 날아다니는 것 같았다.

그런데!! 실제로 책에 대한 반응이 뜨거웠다. 막연한 기대가 현실이 되었고, 첫 인세가 통장으로 들어왔다. 기쁨과 놀라움으로 얼떨떨해져서 이 돈으로 뭘 해야 할지 생각을 굴리던 중에 내면에서 음성이 들려왔다.

'그 돈, 네 돈 아니다.'

순간 얼어붙고 말았다. 아니라고, 이건 고통 중에 써 내려간 내 글로 번 내 돈이라고 강하게 반박하고 싶었으나

김병년

불가항력이었다. 그건 부인할 수 없는, 성령의 음성이었다.

뒤이어 개척 초기 성도들과 십시일반으로 전세자금을 보태 준 자매의 아버지가 떠올랐다. 그동안 그분은 우리 교회에서 신앙생활을 시작하여 집사로 섬기고 있었다. 성령께서는 내게 다시 오병이어의 말씀으로 다가오셨다. '네가 주어라.' 나는 집사님을 만나 이런저런 얘기를 나눴다. 집사님은 예순 넘은 연세에 헤모글로빈 수치가 낮아서 취업하기에 어려운 질병도 있었다.

한참 대화한 끝에 집사님 말씀처럼 집사님이 작은 트럭을 구해 배달하는 일을 하는 게 현실적이라는 판단을 내렸고, 함께 준비에 들어갔다. 집사님이 배달용 차종과 비용, 차량등록비 등 여러 사항을 부지런히 알아보러 다녔고, 나는 그 내용을 토대로 0.5톤 라보 트럭을 구입해 놓고 집사님을 다시 만났다.

"집사님, 이 차는 집사님 차예요. 이 트럭으로 열심히 일해서 가족 생계를 잘 돌보시면 좋겠습니다."

내 말에 집사님은 "목사님이 어떻게 사는지 뻔히 아는데 제가 이걸 어떻게 받습니까? 절대 그럴 수 없습니다" 하면서 우셨다. 그도 울고 나도 울었다. 내가 다시 집사님을 설득했다.

"집사님이 아시는 것처럼 제가 돈이 많아서 드리는 게 아니에요. 제게 이 정도의 여윳돈이 어디 있겠어요. 그런데 성령님이 제게 계속 주라고 말씀하시네요."

우리는 늘 주기도문으로 공동기도를 드린다. 그 기도에서 자신의 일용할 양식을 달라고 기도한다. 그러나 일용할 양식을 구하는 이 기도는 '나의 생존을 위해서는 소유를 최소화하고 공동체를 위해 자신의 것을 드리라'는 요청이기도 하다. 성령님은 강력하게 요청하신다. 성령님은 다른 어떤 기적보다 '나의 것을 희생하여 다른 이들을 섬기는' 기적을 가장 많이 일으키신다. 자기를 숨기시는 성령의 본성에 '희생'은 가장 잘 어울린다. 성령은 사람을 긍휼히 여기도록 하신다. 굶주리는 사람들을 보면 음식을 나누라고 하신다.

가난은 결코 추상적인 개념이 아니다. 고통이고, 수치이며, 구조적인 모순이요, 폭력이다. '네가 주라'는 말씀에 순종하는 나의 행동이 모든 것을 변화시키지는 못한다. 하지만 최소한 가까이 있는 내 이웃을 섬기는 기적을 일으킬 수는 있다. 하나님은 한 성도와 그 가정을 섬기는 데 내 것을 내놓게 함으로 일하셨다.

김병년

말씀과 떡을 같이 먹이는 일, 목회

언젠가 우리 교회 교역자들이 모두 온누리교회의 '일대일 제자훈련'에 참여한 적이 있다. 당시 온누리교회 일대일사역을 담당하던 장로님이 내게 질문을 던지셨다.

"목사님은 목회가 뭐라고 생각하십니까?"

나는 주저 없이 말씀드렸다.

"빵과 말씀을 같이 먹이는 것이지요. 예전에 목사님들은 늘 영의 양식인 말씀만 먹인다고 하셨지요. 그런데 제가 생각하기에 목회는 말씀과 떡을 같이 먹이는 일입니다."

내 대답에 그 장로님은 이런 목회관은 처음 듣는 얘기라며 놀라는 표정이었다. 그런데 신약성경뿐 아니라 구약을 보더라도 하나님이 당신의 백성에게 떡(만나)을 먹이신 분임을 알 수 있다.

> 너를 낮추시며 너를 주리게 하시며
> 또 너도 알지 못하며 네 조상들도 알지 못하던
> 만나를 네게 먹이신 것은
> 사람이 떡으로만 사는 것이 아니요
> 여호와의 입에서 나오는
> 모든 말씀으로 사는 줄을

네가 알게 하려 하심이니라.

(신명기 8:3)

사람이 떡으로'만' 사는 것은 아니지만, 떡을 먹어야 사는 존재임을 하나님은 분명히 하셨다. 그런 하나님이 목회자를 떡과 말씀을 먹이는 자로 부르시는 건 당연하지 않을까.

그런데 목회자가 성직자 대우를 받는 한국 교회에서 여전히 목회자는 대접하기보다 대접받는 데 익숙한 것 같다. 받는 데 길들어 베푸는 법을 잊고 살아간다. 큰 교회든 작은 교회든 크게 다르지는 않아 보인다. 목회의 자리는 '네 것을 받는 자리'이기도 하지만, 그와 동시에 '내 것을 주는 자리'이기도 하다. 그렇기에 "너희가 먹을 것을 주라"는 마가복음 6장의 말씀은 나에게 "목사는 '말씀과 떡'을 함께 나누어 주는 사람이다"라는 선언문처럼 들린다.

그러니 내가 생각하는 목사는 밥 사주는 사람이다. 어느 집사님이 실직했을 때 만난 자리에서 "집사님, 내가 사업 자금을 빌려 줄 형편은 못 되지만 일자리 구할 동안 밥은 안 굶게 해드릴게요" 하고 말했다. 그리고 실직 이후 생계가 어려워졌을 때 그 집사님을 조용히 만나서 교회에서 받은 추석상여금을 건넸다.

김병년

성도들에게 내가 밥을 사드리겠다 하면 대부분 다음과 같은 반응이 돌아온다.

"저희가 사드려야지 어떻게 목사님이 밥을 사시게 할 수 있습니까?"

그때마다 내가 우스개 삼아 하는 말이 있다.

"목사가 사주는 밥을 먹어야 구원받아요!"

이 말은 목사도 섬기는 자로 한 식탁에 둘러앉을 때 공동체가 될 수 있다는 의미를 담고 있다.

그런데 기독교에는 실제로 '밥'과 '구원'을 경험하는 자리가 있다. 바로 '성찬'이다. 성찬에서는 '말씀'과 '떡'이 하나로 합쳐진다. 떡을 떼는 자리가 바로 말씀을 실현하는 자리이다. '자기희생이 담긴 성찬'이 빠진 설교는 자칫 정죄의 자리가 된다. '세상의 현실을 고발하는 설교'가 없는 성찬은 자칫 우리끼리만 누리는 천국이 된다.

"너희가 먹을 것을 주라"는 말씀은 내 삶과 사역을 늘 도전하고 확장해 왔다. 그렇게 조금씩 새로운 공동체를 경험하고 누려 오고 있다.

서로 사랑을 주고받는 공동체

"목사님, 이거 받으세요!"

어느 날, 집사님이 오셔서 봉투를 하나 내밀었다.

"이제는 배달 트럭을 운전할 체력도 안 되고, 건강이 따라 주지를 않네요."

어느새 집사님도 나와 함께 십수 년을 한 교회를 섬기며 살아왔다. 그동안 여러 변화가 있었는데, 온 가족이 마음 편히 머물 수 있는 장기임대아파트를 얻게 되었다. 그런데 기쁨도 잠시, 아파트 보증금을 마련해야 했다. 그런 상황에서 갑자기 찾아와 봉투를 내민 거였다. 심지어 트럭을 중고로 판매한 가격에 더하여 처음 사드렸을 때보다 더 많은 금액이었다.

"목사님, 이런 영업용 차는 번호판이 돈이에요. 그동안 정말 잘 썼습니다. 이제 목사님께 그 돈 돌려 드립니다."

마음이 혹할 정도로 큰 액수였다. 아내 간병과 살림에 크게 보탬이 될 터였다. 잠시 흔들리던 그때, 첫 책을 쓰고 나서 들었던 음성을 다시 들었다.

'그 돈, 네 돈 아니다.'

그랬다. 내 돈이 아니었다. 이번엔 순순히 그 음성을 따랐다.

"집사님, 제게 주신 돈 잘 받겠습니다. 그동안 정말 열심히 일하시고 성실히 모아서 이렇게 돌려주셔서 감사합니

김병년

다. 자, 그리고 이제 이 봉투 받으세요. 이번에 임대아파트 당첨되어서 보증금이 필요하시잖아요. 이건 그 보증금으로 쓰시면 좋겠습니다."

집사님에게 트럭을 사드린 뒤로 하나님은 일곱 해를 그 돈 없이도 잘 살게 하셨다. 아니, 그 트럭 값보다 더 많은 재정을 여러 손길을 통해 채워 주셨다.

"너희가 먹을 것을 주라"는 말씀을 설교로 전한 지 십수 년이 지나간다. 그동안 내게도 큰 변화가 있었다. 여전히 아내는 아픈 상태로 꼼짝 못 하고 누워 있지만, 아이들은 자라서 둘은 대학생이 되었고 막내는 고등학생이 되었다. 아내를 돌보고 아이들을 키우는 동안 '나에게 먹을 것을 주신' 분들이 얼마나 많은지 감사할 뿐이다. 변변치 않은 형편에도 불구하고 내가 먹인 이웃은 또 얼마나 많은지 그것도 감사할 뿐이다. 평소 무엇이든 내 것이라고 주장하고픈 나에게 탐욕을 내려놓도록 '네 것 아니다' 하시는 주님의 은혜가 아닐 수 없다.

목회를 할수록 어려운 것이 탐욕이다. "내 양을 먹이라"(요한복음 21:17)고, 예수님이 베드로에게 하신 마지막 말씀처럼 목회를 하고 성도들을 돌보는 일에 나의 인격과 삶을 담기보다 자꾸 가르치려고만 한다. 그들과 함께 어울리고 더불어 살아가기보다 조금씩 거리를 두고 싶어 한다. 아프고 지치고 힘겨운 이들을 품는 선한 목자가 되기보다 그저 생계의 통로로 접근하려는 삯꾼이 되려 한다.

"목사님, 이거 받으세요"라고 말하던 성도의 눈에 맺힌 눈물이 잊히지 않는다. 목회자를 향한 사랑을 담은 그 눈물, 기쁨의 눈물을 잊을 수 없다. '너희가 주라' 하시던 주님의 말씀 아래서 우리는 그렇게 서로 사랑을 주고받는 공동체가 되어 가고 있었다.

김병년

주님의 말씀을 지키려고,

나쁜 길에서 내 발길을 돌렸습니다.

주님께서 나를 가르치셨으므로,

나는 주님의 규례들에서 어긋나지 않았습니다.

주님의 말씀의 맛이 내게 어찌 그리도 단지요?

내 입에는 꿀보다 더 답니다.

주님의 법도로 내가 슬기로워지니,

거짓된 길은 어떤 길이든지 미워합니다.

주님의 말씀은 내 발의 등불이요, 내 길의 빛입니다.

(시편 119:101-105, 새번역)

Photo by Tamara Menzi on Unsplash

내 인생의 한 구절

1판 1쇄 펴냄 2021년 10월 11일

지은이 김기현 김병년 김영봉 김영준 김유준 김종원 김종호 손주환 우주현
　　　　 이수연 이숭한 이진혜 장석윤 장승익 정갑신 최영규 최헌영
펴낸이 옥명호
책임편집 이현주 옥명호
디자인 임현주
일러스트 샤인
제작처 예원프린팅

펴낸곳 잉클링즈
출판등록 2010년 5월 31일 제2021-000073호
주소 03140 서울시 종로구 삼일대로 428, 5층 500-27호(낙원동, 낙원상가)
전화 02)334-5382 ┃ **팩스** 02)747-9847
이메일 inklings2021@gmail.com

ISBN 979-11-975987-0-8　03230

• 이 책의 인세는 저자들의 동의하에 전액 〈복음과상황〉의 매체운동에 쓰입니다.
• 도서 판매 수익금 일부는 '멘토링 전문 사회복지NGO 러빙핸즈'(www. lovinghands. or. kr 02-3144-2004)의 기부캠페인에 따라 소외계층 아동청소년을 위해 사용됩니다.

• 잉클링즈Inklings는 C. S. 루이스가 일주일 중 가장 유쾌한 시간으로 여긴 '신앙과 문학 벗들의 모임' 이름입니다. 출판사 잉클링즈는 세상의 고통과 필요에 귀 기울임으로 위로와 존중, 성장과 나눔을 북돋는 콘텐츠를 전합니다.